비즈니스 한국어 문형

Korean Usage for Business

한국회사와 기업에서 처음 일하게 될 외국인을 위하여
For foreigners who are going to work at Korean companies
for the first time

Korean Usage for Business

비즈니스
한국어 문형

영어권 학습자를 위하여
For English speaking learners

곽부모 Kawk Bumo

역락

전 세계 여러 대학에서는 전공과정, 또는 교양과정으로 외국어로서의 비즈니스 한국어를 가르치고 있다. 국내에서 출판 되어 특수 목적으로 비즈니스 한국어를 배우는 학생들을 위한 교재를 제외하면 해외 대학에서 비즈니스 한국어를 배우는 현지 학생들을 위한 교재가 거의 없다는 사실에 한국어를 가르치는 교사이자 연구자로서 이 책을 구상하게 되었다.

이 책은 비즈니스 한국어 문형을 공부하기 위한 책으로 기초적인 한국어 의사소통 능력이 가능한 학생이 한국어를 바탕으로 비즈니스 업무와 한국기업의 직장문화를 이해할 수 있도록 구성하였다. 비즈니스 한국어에서의 대화는 상대와 목적에 따라 대화의 구성이 달라야 하는 것이 당연하다. 따라서 그 목적에 맞는 단어와 표현을 연습하고 보다 실용적으로 접근할 필요가 있다. 이에 비즈니스 상황에 맞는 다양한 문형 표현을 제시하고 한걸음 더 나아가 다양한 문장을 만들어내고 새로운 상황에서도 응용할 수 있도록 구성하였다.

국내에서도 마찬가지이지만 특히, 해외에서 한국어를 가르치는 것은 학습자의 동기, 태도, 학습 환경에 따라 영향을 크게 받게 된다. 다르게 말하면, 가르치는 데에 있어 힘든 요소들이 있고 발전하는 학습자들을 보기까지 생각보다 오랜 시간이 걸린다. 따라서 인내심을 가지고 노력하지 않으면 제대로 성과를 내기가 어렵다. 지금까지 소명감을 가지고 영리함보다는 뚝심으로, 이해와 타산보다는 신뢰로 학생들을 가르칠 수 있게 가르침과 응원을 아끼지 않으신 존경하는 스승님들, 그리고 국내와 해외 한국어 교육 현장에서 소명감을 가지고 같은 길을 걷고 있는 동료 선생님들, 20년 가까이 한국어를 가르치면서 보람과 행복을 느낄 수 있게 해준 여러 나라의 제자들, 거친 파도와 바람에도 늘 같은 배를 타고 여러 나라를 항해하고 있는 가족에게 고마운 마음을 전하고 싶다. 비즈니스 한국어를 공부하는 국내와 해외의 모든 학생들에게 도움이 될 수 있게 기꺼이 이 책을 출판해주신 역락출판사의 이대현 대표님과 오랜 친구이자 편집을 맡아 준 이태곤 편집이사와 실제 작업을 책임진 안혜진 팀장에게 진심으로 감사의 마음을 전한다. 끝으로 이 책을 번역하는 데에 있어서 문장의 느낌이 현장에서 보다 실제성을 가질 수 있도록 도움을 준 아이누르와 탈리나에게 진심으로 고마움을 전한다. 한국어학, 국제경제학, 국제통상학 전문가로서의 그들의 한국기업에서의 경험과 오랫동안 한국인 직원들과 생활하면서 느끼고 경험한 직장 문화는 이 책이 한국회사에서 처음으로 근무하게 될 외국인들에게 직장인으로서 한 걸음 더 다가갈 수 있도록 해 줄 것이다.

Business Korean is taught at many overseas Universities as a part of general courses or major courses. However, there are not many books for foreigners learning business Korean in foreign universities, except for those ones that are published in Korea and targeted for students studying business Korean for a special purpose. This book was born from a desire to answer this question by my entire teaching experience as a researcher and teacher of teaching Korean at several Universities in Europe.

The aim of this book, as a tool to teach expression patterns of business Korean, is to help a student with basic Korean communication skills to understand Korean corporate culture and the way of doing business in Korea. The speech structures in business Korean differ and depend on who is your conversation partner and what is the purpose of dialogue. Therefore there is a need for a more practical approach, specifically practicing vocabulary and expressions suitable for this or that situation. In this regard, the book is organized in a way that diverse expression patterns suitable for different business situations are presented, so that a student could take a step forward by making its own various sentences to use in a new business situation.

A student's motives, attitude, and studying environment have an influence on the way of teaching the Korean language in foreign countries, as well as in Korea. In other words, there are different difficult aspects of teaching and it takes considerable time, more than expected, to see students developing their skills. I would like to express my gratitude to honored teachers who feel their true calling and spare no support and wisdom to teach students out of trust rather than self-interest, out of perseverance rather than profit-making, and to my colleagues in Korea and abroad, who walk the same path of teaching Korean as their same purpose, to my students from different countries, who have been making me happy and feel worthiness of teaching Korean for almost 20 years. And I really thank my family, who are always sailing many countries on the same boat even though the high waves and the strong winds. And also, I would like to sincerely thank the CEO of Youkrack Publishing Company LEE Daehyun, Editorial Director and old friend LEE Taegon, and Team Leader AN Heyjin, because of their help, this book would help all students who study business Korean both in Korea and abroad. Lastly, I would like to say many thanks to Mukhametov Aynur and Gayazova Talina who are the specialist of the Korean Language, both of them have M.A. in International Commerce and Trade, and they have been working and communicating with Korean co-workers for many years at a Korean company. It has helped that this book is written with the realistic nuance of the sentence about the culture of Business Korean.

책 활용 방법 How to use the book

　　한국회사에서 비즈니스 한국어를 사용해야 할 때, 또는 업무 상황에 따라 필요한 한국어를 사용해야 할 때 이 책의 문형 표현들을 활용할 수 있다.

　　이 책에서 제시한 유용한 문형 표현을 연습하고 각 단원에서 강조한 문형 표현을 확인하기와 종합연습에서 제시된 어휘와 대화를 통해 연습하면 도움이 될 것이다. 그리고 문형 연습에서 제시 된 대화마다 중요 문형 표현들이 들어있어서 이들 문형 표현들을 대화를 통해 연습한다면 비즈니스 한국어 상황에서 필요한 표현들을 수월하게 활용할 수 있을 것이다. 또한 각 문형 표현마다 알아야 할 한걸음 더(비즈니스 한국어 TIP)을 통해 한국기업의 직장문화를 이해하는 데에 도움이 되도록 하였다. 마지막으로 종합연습을 통하여 배운 내용을 스스로 점검하는 것을 잊지 말아야 하겠다.

　　You can work through Korean Usage for Business from start to finish or choose a unit depending on your business need.

　　Start a unit by studying useful expression patterns. Practical use of the expression patterns is presented in Dialogue practice, which will help you easily understand in which business situations the expression pattern can be used. Certain vocabulary which is widely used with presented expression pattern is highlighted. Then practice through vocabulary drill and sentence translation exercises in Check 1 and Check 2. And, in each unit, you can see One More Step (Business Korean Tip), which will help you understand Korean corporate and business culture. Finally, do not forget to practice expression patterns and all vocabulary in Comprehensive Practice.

책의 각 과에 포함된 내용은 다음과 같다:

You can use each other of this book in the following order:

• 핵심 문형 안내 Key expression pattern explanation

• 문형 연습 Expression pattern practice

• 대화 연습 Dialogue practice

• 한 걸음 더(비즈니스 한국어 TIP) One step forward (Business Korean Tip)

• 확인하기 1 (단어) Check 1 (Vocabulary)

• 확인하기 2 (문장) Check 2 (Sentence)

• 종합연습(대화) Comprehensive practice (Dialogue)

목차

머리말 • 4

책 활용 방법 • 8

UNIT. 01

Finding a job 직업 찾기

1. 제 이름은 ~입니다. | My name is ~. • 18

2. ~을/를 전공했습니다. | My major at ~ was ~. • 20

3. ~에서 일한 적이 있습니다. | I have experience working at ~. • 22

4. ~에서 일하고 싶습니다. | I want to work in ~. • 24

5. ~에 대해 질문해도 될까요? | May I ask about ~? • 26

UNIT. 02

Job Interview 면접

1. ~에 지원한 ~입니다. | I am~ who applied to~. • 34

2. ~에 대해 말씀드리고 싶습니다. | I would like to tell you about ~. • 36

3. ~이/가 되고 싶습니다. | I want to become ~. • 38

4. 가장 큰 장점은 ~입니다. | My greatest strength is~. • 40

5. 제 목표는 ~것입니다. | My goal is ~. • 42

6. ~에서 일할 수 있는 기회가 주어진다면 최선을 다하겠습니다. | • 44
   I will do my best once I will have a chance to work at ~.

UNIT. 03
Office hours 업무 시간

1. 근무시간은 ~부터 ~까지입니다. | Office hours are from ~ to ~.　　　• 52

2. 실례지만, ~때문에 먼저 퇴근하겠습니다. | 　　　• 54
  Excuse me. I will leave first because of ~.

3. ~(으)니까 좀 일찍 출근해야 할까요? | 　　　• 56
  Should I come to work early because of ~?

4. ~아/어/여서 결근했습니다. | I was absent because of ~.　　　• 58

5. ~아/어/여서 죄송합니다. | Sorry for ~.　　　• 60

UNIT. 04
Using office equipment 사무실 기기 사용

1. ~을/를 출력해도 될까요? | May I print ~?　　　• 68

2. 중요한 ~(으)니까 ~(으)세요. | Please do ~ because ~ is important.　　　• 70

3. ~은/는 어디에 있습니까? | Where is ~?　　　• 72

4. ~ 사용하는 방법을 가르쳐 주세요. | Please teach me how to use ~.　　　• 74

5. ~에 감사드립니다. | Thank you for ~.　　　• 76

UNIT. 05

Business conversation over a phone 업무 전화

1. ~(으)려고 전화드렸습니다. │ I am calling to ~.   • 84

2. ~와/과 통화할 수 있을까요? │ May I speak to ~?   • 86

3. ~을/를 남기시겠습니까? │ Will you leave ~?   • 88

4. ~을/를 다시 말씀해 주시겠습니까? │ Could you please repeat ~?   • 90

5. ~을/를 다시 한번 확인하고 싶습니다. │ I would like to check ~.   • 92

6. ~(이)라고 전해 주시겠습니까? │   • 94
   Could you please pass on a message that ~?

UNIT. 06

Email 이메일

1. ~(으)려고 이메일을 씁니다. │ I am writing this email to ~.   • 102

2. ~에 대해 문의드립니다. │ I would like to ask about ~.   • 104

3. ~을/를 보내주십시오. │ Please send ~.   • 106

4. ~도 참조로 넣겠습니다. │ I will put ~ in CC as well.   • 108

5. ~을/를 첨부합니다. │ I attach ~.   • 110

6. ~을/를 ~에게 전달합니다. │ I am passing on ~ to ~.   • 112

7. ~은/는 다음과 같습니다. │ ~ is as follows.   • 114

8. ~기를 바랍니다. │ I wish you ~.   • 116

9. 부재중에는 ~에게 연락주십시오. │ Contact ~ in case I am out.   • 118

UNIT. 07

Business report and get approval 업무 보고와 결재 받기

1. ~은/는 잘 진행되고 있습니까? | Is ~ going well?   · 126

2. ~까지 ~을/를 마무리하겠습니다. | I will finish ~ until ~.   · 128

3. 늦어도 ~까지 제출하겠습니다. | I will submit no later than ~.   · 130

4. ~에 관한 보고서 결재 부탁드립니다. | · 132
   Please give authorization on a report about ~.

5. ~을/를 다시 한번 확인하겠습니다. | I will check ~ once again.   · 134

UNIT. 08

Meeting preparation 회의 준비

1. ~(으)려고 오늘 모였습니다. | Today we have gathered to ~.   · 142

2. ~할 안건이 ~ 개 있습니다. | We have ~ issues on our agenda to ~.   · 144

3. ~까지 회의를 마칠 예정입니다. | We will finish the meeting until ~.   · 146

4. ~에 대해 어떻게 생각하십니까? | What do you think about ~?   · 148

5. ~기 전에 ~이/가 있습니까? | Is there ~ before ~?   · 150

6. ~은/는 ~에 있을 겁니다. | ~ will be ~.   · 152

UNIT. 09

Notices 회사 공지

1. ~을/를 확인해 주세요. | Please check ~.   • 160

2. ~을/를 공유해 주세요. | Please share ~.   • 162

3. ~에서 알려드립니다. | The notice is given from ~.   • 164

4. ~은/는 ~에서 있을 예정입니다. | ~ will be (held) at ~.   • 166

5. ~을/를 축하드립니다. | Congratulations on ~.   • 168

6. ~을/를 듣게 되어 유감입니다. | I am sorry to hear ~.   • 170

7. 고인의 명복을 빕니다. | I pray for the bliss of the dead.   • 172

UNIT. 10

Corporate dinner 회식

1. ~은/는 ~에서 있습니까? | Where will be ~?   • 180

2. ~때문에 ~하기 어렵습니다. | ~ might be difficult because of ~.   • 182

3. ~(으)로 하겠습니다. | I will ~.   • 184

4. ~을/를 못 마십니다. | I cannot drink ~.   • 186

5. ~이/가 정말 즐거웠습니다. | I really enjoyed ~.   • 188

6. 실례지만, 먼저 ~겠습니다. | Excuse me. I will ~ first.   • 190

UNIT. 11

Business trip 출장

1. ~(으)로 출장을 갑니다. | I am going on a business trip to ~.   • 198

2. ~(으)로 마중나와 주실 수 있습니까? |
   Could you please go to ~ to pick up ~?   • 200

3. ~까지 어떻게 가야 합니까? | How can I get to ~?   • 202

4. ~은/는 저희 회사의 주력 상품입니다. |
   ~ is the main product of our company.   • 204

5. ~을/를 보내드릴 수 있습니다. | I can send you ~.   • 206

6. ~에 대해 협력하기를 바라겠습니다. | I want us to collaborate on ~.   • 208

UNIT. 12

Vacations 휴가

1. ~을/를 ~아/어/여도 될까요? | May I ~?   • 216

2. ~ 때문에 ~ 휴가를 냈습니다. | I took vacations because of ~.   • 218

3. ~아/어/여서 ~을/를 내기로 했습니다. |
   I have decided to take ~ because of ~.   • 220

4. ~ 을/를 하고/한 후에 제출하겠습니다. |
   I will ~ and submit ~ / After ~ I will submit.   • 222

부록   • 230

Unit 01

Finding a job 직업 찾기

● ○ ○ ○

채용 정보와 근무 조건 확인하기
Recruitment information and working conditions

01. 제 이름은 ~입니다. / My name is ~.

02. ~을/를 전공했습니다. / My major at ~ was ~.

03. ~에서 일한 적이 있습니다. / I have experience working at ~.

04. ~에서 일하고 싶습니다. / I want to work in ~.

05. ~에 대해 질문해도 될까요? / May I ask about ~?

Expression for introducing yourself
(To introduce themselves Koreans usually say their family name and given name together).

Expression pattern practice

제 이름은 김영수입니다. | My name is Yeongsoo Kim.

제 이름은 시모나입니다. | My name is Simona.

제 이름은 테레자입니다. | My name is Tereza.

제 이름은 라지즈입니다. | My name is Raziz.

제 이름은 탈리나입니다. | My name is Talina.

Dialogue practice

A: 만나서 반갑습니다. 제 이름은 김영미입니다. |
Nice to meet you. My name is Yeongmi Kim.

B: 제 이름은 마틴입니다. 만나서 반갑습니다. |
My name is Martin. Nice to meet you.

A: 앞으로 잘 부탁드리겠습니다. | I look forward to your kind cooperation.

B: 네, 저도 잘 부탁드립니다. | I look forward to your kind cooperation too.

My name is ~.

 One step forward

한국 회사에서는 보통 직위(Job title)를 붙여서 호칭을 사용한다. '김 과장님', '김영미 과장님', '과장님' 등으로 호칭을 사용하고 '이름+직함'은 사용하지 않는다. 예를 들면, '김 과장님'은 사용할 수 있지만 '영미 과장님'이라고 사용해서는 안 된다.

Usually in Korean companies people call each other by adding a job title(직위, 직함) to a family name or to a full name or call only by a job title, for example as following appellations(호칭): '김 과장님'('Manager Kim'), '김영미 과장님'('Manager Yeongmi Kim'), '과장님'('Manager'). It is not acceptable to call other person by 'Name +job title', for example: it is correct to say '김 과장님'('Manager Kim'), but incorrect to say '영미 과장님'('Manager Yeongmi').

02 ~을/를 전공했습니다.

Expression for telling what your major at university was

 Expression pattern practice

저는 러시아대학교에서 한국어학을 전공했습니다.
My major at Russian University was Korean linguistics.

저는 체코대학교에서 비즈니스 한국어학을 전공했습니다.
My major at Czech University was Business Korean.

저는 필리핀대학교에서 한국 역사를 전공했습니다.
My major at Philippine University was Korean history.

저는 한국대학교에서 한국어문학을 전공했습니다.
My major at Korean University was Korean literature.

저는 우즈베키스탄대학교에서 한국어교육학을 전공했습니다.
My major at Uzbekistan University was Korean language pedagogy.

 Dialogue practice

A: 박 대리님, 만나서 반갑습니다. │ Assistant manager Park, nice to meet you.

B: 모니카 씨, 저도 반갑습니다. │ Miss Monica, nice to meet you too.

A: 박 대리님과 같은 부서에서 일하게 되어 기쁘게 생각합니다. │
   I am glad that I will work with you in the same department.

My major at ~ was ~.

B: 아, 그래요. 모니카 씨는 대학에서 무엇을 전공했습니까?

Oh, me too. What was your major at university?

A: 네, 저는 체코대학교에서 비즈니스 한국어학을 전공했습니다.

My major at Czech University was Business Korean.

 One step forward

해외 대학교에서는 한국어를 배울 때 단일전공 프로그램이 없어서 부전공이나 복수전공으로 한국어를 배우는 경우가 많다. 이런 경우에는 '제 전공은 경제학이고 부전공으로 한국어학을 공부했습니다.', '저는 국제관계학과(Department of International Relationship)에서 한국어학(Korean Studies)을 복수전공했습니다.'라고 표현할 수 있다. 경제학(Economics), 경영학(Business Administration), 사회학(Sociology), 컴퓨터공학(Computer Engineering), 기계공학(Mechanical Engineering), 철학(Philosophy), 법학(Law), 영어영문학(English language and Literature), 수학(Mathematics), 전자공학(Electronic Engineering) 등의 전공을 한국어로 알고 있으면 유용하다.

In most of foreign universities there is no single major (단일전공) for studying Korean language, so usually it is studied either as a minor (부전공) or as second major (복수전공, literally: multiple major). In such cases you can say: '제 전공은 경제학이고 부전공으로 한국어학을 공부했습니다.' / 'I majored in economics and my minor was Korean linguistics', '저는 국제관계학과(Department of International Relationship)에서 한국어학(Korean Studies)을 복수전공했습니다.' / 'My second major in international relations department was Korean linguistics'. It will be useful to remember the following majors in Korean: 경제학(Economics), 경영학(Business Administration), 사회학 (Sociology), 컴퓨터공학(Computer Engineering), 기계공학(Mechanical Engineering), 철학 (Philosophy), 법학(Law), 영어영문학(English language and literature), 수학(Mathematics), 전자공학(Electronic Engineering).

~에서 일한 적이 있습니다.

Expression for telling about your experience.

Expression pattern practice

저는 한국자동차회사에서 일한 적이 있습니다.
I have experience working at a Korean automobile company.

저는 한국대사관에서 일한 적이 있습니다.
I have experience working at Korean Embassy.

저는 체코에 있는 한국회사 지점에서 일한 적이 있습니다
I have experience working at Czech branch of a Korean company.

저는 한국무역회사에서 일한 적이 있습니다.
I have experience working at a Korean trading company.

저는 한국문화원에서 일한 적이 있습니다.
I have experience working at Korean Culture Center.

Dialogue practice

A: 한국회사에서 일한 경험이 있습니까?
   Do you have experience working in a Korean company?

B: 네, 한국회사에서 인턴으로 일한 적이 있습니다.
   Yes, I have experience working in a Korean company as an intern.

A: 얼마동안 일을 했습니까? How long did you work there?

B: 1년 동안 일한 경험이 있습니다. I have experience working for 1 year.

I have experience working at ~.

A: 우리회사 제품을 사용한 적이 있습니까? | Have you tried our company product?

B: 네, 제가 자주 사용하는 제품입니다. | Yes, I use the product very often.

 One step forward

한국 대학에 재학 중이거나 어학연수 후에는 체류자격 외 활동 허가를 받아서 합법적으로 아르바이트 일을 할 수 있다. 한국 정부에서는 매년 외국인 유학생 채용박람회를 개최하여 외국인 유학생의 한국 내 취업을 돕고 있으며, 외국인 유학생 취업 지원 홈페이지(http://jobfair.contactkorea.go.kr/)를 통해 자신의 이력서를 제출할 수 있고, 구인구직 정보를 확인하여 원하는 직장에도 지원이 가능하다. 그리고 해외에 있는 한국대사관을 통하여 워킹홀리데이(Working Holiday) 비자를 신청한 후에 한국에서 일을 할 수도 있다. 워킹홀리데이는 협정 체결 국가 청년(대체로 만 18~30세)들에게 상대 국가에서 체류하면서 관광, 취업, 어학연수 등을 병행하며 현지의 문화와 생활을 경험할 수 있는 제도로 현재 체코, 캐나다, 스페인, 호주 등 23개 국가(http://whic.mofa.go.kr/)와 협정을 체결하였다.

During studies (재학) at university or after finishing language courses (어학연수), it is possible to do legally (합법적으로) a part-time job after getting special permission from immigration office, in addition to sojourn right (체류자격). Korean government holds job fair (채용박람회) for international students every year, which helps them to get employed (취업을 돕다) in Korea. You can submit your resume (이력서를 제출하다) at the official website of the job fair (http://jobfair. contactkorea.go.kr/), and after checking all job postings (구인구직 정보) you can apply for the one you prefer. Also it is possible to work in Korea after getting a 'Working Holiday' visa in Korean embassies abroad. This visa is applicable for young people (mostly 18~30 years old), who are citizens of 23 countries which signed the related agreement (협정 체결 국가): Czech Republic, Canada, Spain, Australia etc. (http://whic.mofa.go.kr/). 'Working Holiday' visa holders along with (병행하다, literally: in parallel with) employing, travelling and learning Korean language can experience Korean lifestyle and culture.

~에서 일하고 싶습니다.

The expression for telling your wish

Expression pattern practice

저는 인사부(팀)에서 일하고 싶습니다. | I want to work in HR department.

저는 총무부에서 일하고 싶습니다. | I want to work in administration department.

저는 제품개발부에서 일하고 싶습니다. |
I want to work in product development department.

저는 영업부에서 일하고 싶습니다. | I want to work in sales department.

저는 홍보부에서 일하고 싶습니다. | I want to work in public relations department.

Dialogue practice

A: 어떤 부서에서 일을 하고 싶습니까? | Which department do you want to work in?

B: 저는 한국회사에서 관리 업무 보조를 한 적이 있습니다. |
I had experience working as an assistant of administration work in a Korean company.

A: 그럼, 총무부에 지원하는 것이 어떻습니까? |
So how about applying to administration department?

B: 네, 저는 동료들과 소통하는 것을 좋아해서 총무부에서 일하고 싶습니다. |
Yes, I also like to communicate with my co-workers, so I would like to work in administration department.

I want to work in ~.

 One step forward

한국의 큰 회사는 보통 한국에 본사를 두고 해외에는 지사, 사업소, 영업소, 공장 등을 만들어 운영을 한다. 한국회사의 부서(팀) 명칭을 보면, 인사부, 총무부, 경영 지원부, 재경부, 영업부, 고객지원부, 연구개발부, 생산관리부, 해외사업부, 홍보 부 등으로 구성되어 있다.

Korean companies usually have their headquarters (본사) in Korea and establish and manage (운영하다) branch offices (지사), business offices (사업소), sales offices (영업소), and factories (공장) overseas. Most of the departments in Korean companies are HR (인사부), administration (총무부), management support (경영지 원부), finance (재경부), sales (영업부), customer support (고객지원부), research and development (연구개발부), production management (생산관리부), overseas sales (해외사업부), public relations (홍보부) etc.

Expression for asking needed information.

Expression pattern practice

회사 연봉에 대해 질문해도 될까요? | May I ask about the company's annual salary?

회사 복지에 대해 여쭤봐도 될까요? | May I ask about the company's welfare aid?

회사 휴가제도에 대해 질문해도 될까요?
May I ask about the company's vacation policy?

회사 직원 혜택에 대해 여쭤봐도 될까요?
May I ask about employee benefits in the company?

Dialogue practice

A: 일주일에 근무시간은 어떻게 됩니까? | How many working hours are in a week?

B: 네, 우리회사는 주 34시간 근무제를 하고 있습니다.
Our company has 34-hour work week system.

A: 직원 혜택에 대해 질문해도 될까요? | May I ask about employee benefits?

B: 매달 급여일에 맞추어 직원 복지비를 지급합니다. 그리고 매년 1회 항공료와
숙박비 등 직원들의 해외 여행비를 지원하고 있습니다.
Every month on a day of a salary payment welfare allowance is paid. Also
once a year our company pays for flight ticket and accommodation and
employees' other travel expenses.

May I ask about ~?

A: 회사 휴가제도에 대해 알고 싶습니다.
   I would like to know about the company's vacation policy.

B: 1년 근속할 때마다 2주간의 유급 휴가를 지원하고 있습니다.
   2 weeks of paid vacation is provided every year of continuous employment.

 One step forward

유럽에 있는 H한국회사에서는 직원들을 위해 다양한 복지 혜택을 지원하고 있다. 1일 8시간 근무를 원칙으로 하고 있으며 일부 부서의 시범 적용을 시작으로 2020년에는 전 직원을 대상으로 주 4일제 근무를 시행할 예정이다. 그리고 회사 입사 후에 2년 근속을 하게 되면 급여 외 3000유로를 별도 지급하기도 한다. 휴식 공간 역시 모든 직원들이 편하게 일을 할 수 있도록 시설이 잘 갖추어져 있다. 예를 들면, 업무 시간 외, 또는 점심시간에 헬스장을 사용할 수 있다.

European branch of Korean 'H' company has diverse welfare benefits (복지 혜택) for its employees. Principally (원칙으로) it has 8-hour working day, and after some of the departments applied four-day work week (주 4일제) as a pilot program (시범 적용), in 2020 the system started to apply to all employees. Also after two years of continuous employment (근속하다) apart from a salary 3 thousand euro is paid (별도 지급하다) as well. And, of course, a rest area: company has facilities (시설) for all employees' comfortable work. For example, employees can use fitness center during lunch or non-working hours (업무 시간 외).

단어(Vocabulary)

1과에서 배운 중요 단어 확인하기(Checking main vocabulary from Unit 1)

Write in English the meaning of the following words.

1. 전공 _____
2. 본사 _____
3. 지사(지점) _____
4. 인사부(팀) _____
5. 총무부 _____
6. 연봉 _____
7. 복지 _____
8. 급여 _____
9. 근무 시간 _____
10. 지원 _____

Match the words with the same meaning

1. Branch office
2. Benefit
3. Overseas sales department
4. Trading company
5. Administrating
6. Culture center
7. Accomodation cost
8. Flight ticket price
9. Continuous employment
10. Paid

- 무역회사
- 문화원
- 혜택
- 항공료
- 숙박비
- 근속
- 유급
- 지사
- 해외사업부
- 관리

문장(Sentense)

1과에서 배운 중요 문형 표현을 문장으로 쓰고 말하기
(Translate the sentences using expression patterns learned in Unit 1)

Expression patterns

1. My name is Raziz.

_____

2. My major at P University was Korean linguistics.

_____

3. What was your major at university?

_____

4. Have you ever worked in a Korean company?

_____

5. How long have you been working in the company?

_____

6. I want to work in administration department.

_____

7. May I ask about employee benefits?

_____

8. I would like to know about the company's vacation policy.

_____

9. Tell me whenever you need a help.

_____

10. What are the working hours? / How many working hours are there?

_____

Comprehensive Practice (종합 연습)

Asking a company about a job posting

Write a correct expression in brackets.

회사: 안녕하세요? H회사입니다.

학생: 안녕하세요? 문의할 게 있어서 전화드렸습니다.

　　제 1. (＿＿＿＿＿). 이번에 2. (＿＿＿＿＿).

회사: 지원한 3. (＿＿＿＿＿).

학생: 제가 지원한 부서는 인사부입니다. 4. (＿＿＿＿＿)?

회사: 저희 회사는 주 40시간 근무를 하고 있습니다.

학생: 네, 알겠습니다. 5. (＿＿＿＿＿)?

회사: 네, 말씀하세요.

학생: 직원들을 위한 셔틀버스가 있습니까?

회사: 회사 셔틀버스는 없습니다.

　　하지만 숙소가 필요한 직원에게 회사 기숙사를 지원합니다.

학생: 네, 알겠습니다. 6. (＿＿＿＿＿)

Keys

1. My name is Lenar.
2. I applied to H company.
3. Tell me the department [you applied to].
4. May I ask about the company's working hours?
5. May I ask one more question?
6. Thank you for your kind explanation.

Unit 02

Job Interview 면접

. . . .

● ○ ○
자기 소개하고 면접 질문에 대답하기
Self-introduction and answering questions

01. ~에 지원한 ~입니다. / I am~ who applied to~.

02. ~에 대해 말씀드리고 싶습니다. / I would like to tell you about ~.

03. ~이/가 되고 싶습니다. / I want to become ~.

04. 가장 큰 장점은 ~입니다. / My greatest strength is~.

05. 제 목표는 ~것입니다. / My goal is ~.

06. ~에서 일할 수 있는 기회가 주어진다면 최선을 다하겠습니다. /
I will do my best once I will have a chance to work at ~.

Introducing yourself and the department you applied to.

 Expression pattern practice

저는 인사부에 지원한 김영수입니다.
I am Yeongsoo Kim who applied to HR department.

저는 총무부에 지원한 시모나입니다.
I am Simona who applied to administration department.

저는 홍보부에 지원한 테레자입니다.
I am Tereza who applied to public relations department.

저는 영업부에 지원한 라지즈입니다.
I am Raziz who applied to sales department.

저는 연구개발부에 지원한 탈리나입니다.
I am Talina who applied to R&D department.

 Dialogue practice

A: 자기 소개를 간단하게 해 보세요. Please briefly introduce yourself.

B: 네, 저는 영업부에 지원한 라지즈입니다.
OK, I am Raziz who applied to sales department.

A: 왜 영업부에 지원했습니까? Why did you apply to sales department?

B: 네, 저는 성격이 활발하고 사무실보다 밖에서 근무하는 것을 좋아합니다.
I am an active person and I like to work outside rather than in office.

I am~ who applied to~.

 One step forward

한국회사에서 중요하게 생각하는 것은 부서원들 각자에게 주어진 역할이나 책임을 완수해 내는 능력뿐만 아니라 같이 일하는 동료들과의 원만한 인간 관계도 중요하게 생각한다. 그렇다면, 둘 중에 어느 쪽이 회사의 발전을 위하여 도움이 될수 있을까? 역할과 책임을 다하는 능력일까? 아니면 진실되고 거짓 없이 동료들을 대하는 인간적인 면일까? 한국회사에서 잘 적응하고 성장하기 위해서는 본인이 맡은 직책뿐만 아니라 부서원들 사이의 관계나 인간적인 면도 중요하게 생각해야 할 것이다.

In Korean company amicable interpersonal relations (원만한 인간 관계) among co-workers are as important as an ability (능력) to perform your role (역할) and take responsibility (책임). Then among the two, what will help more for the development of a company's organization (발전)? Is it ability to take responsibility and perform your role? Or human side (인간적인 면) of treating co-workers sincerely (진실하게), without lies? In order to adapt (적응하다) and grow (성장하다) in a Korean company it is good to remember that not only your duties are important but also human side or relations between co-workers are important as well.

~에 대해 말씀드리고 싶습니다.

▶▶▶▶▶▶▶▶▶

Expression for talking about a certain topic during job interview.

Expression pattern practice

경력에 대해(대하여) 말씀드리고 싶습니다.
I would like to tell you about my work experience.

전공에 대해 말씀드리고 싶습니다. | I would like to tell you about my major.

해외에서의 경험에 대해 말씀드리고 싶습니다.
I would like to tell you about my overseas expreince.

저희 회사 제품에 대해 말씀드리고 싶습니다.
I would like to tell you about our company's product.

자신의 장점과 단점에 대해 말씀드리고 싶습니다.
I would like to tell you about my strengths and weaknesses.

Dialogue practice

A: 직무와 관련하여 저의 경험에 대해 말씀드리고 싶습니다.
I would like to tell you about my expreince related to my duties.
저는 한국회사 인사부에서 3개월 동안 인턴십을 하고 성실하게 근무하였습니다.
I worked diligently during my 3 months internship in HR department of a
Korean company.

B: 인사부에서 어떤 일을 했습니까?
What kind of work did you do in HR department?

A: 한국인 인사부 부장님의 업무 지시를 러시아 직원들에게 전달했습니다.
그리고 주로 번역 일을 했습니다.
I delivered work instructions of Korean general manager in HR to Russian employees.
Also I mostly did translation.

 One step forward

해외 법인 한국기업의 직원 구성은 보통 '주재원', '현지 직원(외국인)', '현지 채용 한국인 직원(현채 한국인이라고도 부름)', '본사 직원' 등으로 되어 있다. 일반적인 해외 법인 한국기업의 구조는 한국인이 법인장이고, 부서에서 의사 결정권을 가진 과장급 이상의 주재원이 있다. 그리고 실무에서는 현지 외국인 직원과 현지 채용 한국인 직원으로 구성되어 있다. 한국어와 영어를 잘 구사할 수 있는 경우에는 중간 관리자의 위치에서 주재원과 현지 직원의 소통 및 생산 라인에서의 문제를 원활하게 풀 수 있도록 지원해 주는 역할을 하는 경우가 많다.

An overseas affiliate company of a Korean corporation usually has the following types of employees: expatriate (주재원), local employee (foreigner) (현지 직원(외국인)), locally employed Korean employee (현지 채용 한국인 직원 or 현채 한국인), and HQ employee (본사 직원). Typical organization would consist of a Korean director of an affiliate, expatriates of a position above manager who have decision-making right (의사 결정권) in a department, and local foreign employees with locally employed Korean employees on a working level. Those who have proficiency in Korean and English often play role (역할) of supporting smooth problem-solving on production line and communication (소통) between local employees and expatriates as a middle manager (중간 관리자).

Expression for telling your plans.

Expression pattern practice

관리자가 되고 싶습니다. | I want to become an administator

부서를 책임지는 부서장이 되고 싶습니다. |
I want to become a head of the department [who is responsible for the department].

제가 희망하는 부서에서 리더가 되고 싶습니다. |
I want to become a leader of the department I want.

팀장이 되고 싶습니다. | I want to become a team leader.

회사에서 중요한 책임을 맡을 수 있는 사람이 되고 싶습니다. |
I want to become a person who can take main responsibilities in the company.

Dialogue practice

A: 당신은 10년 후에 우리회사에서 어떤 모습이겠습니까? |
Who do you want to become in our company after 10 years?

B: 네, 저는 해외지사의 지사장이 되고 싶습니다. |
I want to become a head of overseas branch office.

A: 그러면, 많은 책임이 요구될 텐데요? |
So, that implies many responsibilities will be demanded from you, right?

B: 저는 회사에서 책임을 가지고 성장하는 직원이 되고 싶습니다. |
I want to become an employee who grows and takes responsibilities in the
company.

I want to become ~.

 One step forward

일반적으로 한국회사는 회사의 규모에 따라 직급과 직책이 다르다. 직급은 회사 내에서의 직위를 말하는 것이고, 직책은 업무 상의 책임이나 담당하는 임무를 의미하는 것이다. 회사의 직급 순서는 직원과 임원으로 나눌 수 있다. 직원은 사원→대리→과장→차장→부장(직책: 팀장→실장→본부장) 등으로 순서가 되어 있다. 임원은 이사→상무→전무→부사장→사장→부회장→회장 등으로 순서가 되어 있다. 보통 한국회사 해외법인의 대표는 '이사' 이상의 직위의 임원이 된다.

Usually, depending on the size (규모) of the company, positions (직급) and duty titles (직책) differ in a Korean company. Position (직급) means rank in a company, duty title (직책) means assigned responsibilities or job. Positions can be devided into working level employees (직원) and management level employees (임원). The hierarchy of working level employees is presented in a rising order as follows: assistant (사원)→ assistant manager (대리) → manager (과장) → senior manager (차장) → general manger (부장) (duty title: team leader (팀장)) → department head (실장) → division head (본부장). Positions of management level employees are sequenced as follows: director (이사)→ vice-president (상무) → senior vice-president (전무) → executive vice-president (부사장) → CEO (사장) → vice-chairman (부회장) → chairman (회장). Usually management level employees with position above director (이사) become a representative of a Korean corporation's overseas affiliate company.

Expression for telling your strengths.

Expression pattern practice

저의 가장 큰 장점은 긍정적인 성격입니다.
My greatest strength is optimistic mind [character].

저의 장점은 원만한 대인관계입니다.
My strength is amicable interpersonal relations.

저의 장점은 성실함입니다. | My strength is sincerity.

저의 가장 큰 장점은 집중력입니다. | My greatest strength is concentration.

저의 가장 큰 장점은 좋은 성격입니다. | My greatest strength is good character.

Dialogue practice

A: 본인의 장점에 대해 말해 보세요. | Please tell about your strengths.

B: 네, 저의 가장 큰 장점은 긍정적인 성격입니다.
My greatest strength is optimistic mind.

A: 스트레스가 많거나 힘든 상황에서도 긍정적입니까?
Are you optimistic in difficult situations or when there is a lot of stress as well?

B: 네, 저는 어떤 상황에서도 긍정적으로 생각하는 편입니다.
Yes, I am usually optimistic in any situation.

My greatest strength is~.

 One step forward

회사생활을 하면서 가장 힘들어하는 것은 무엇일까요? 대부분의 회사원들은 이렇게 이야기할 것이다. '일이 힘든 것이 아니라 사람과의 관계가 힘들다.' 일이 자기의 적성과 잘 맞아도 같이 일하는 사람이 불편할 경우에는 그 일이 힘들게 느껴진다. 부서나 팀에 좋아하는 동료만 있는 것이 아니기 때문에 항상 좋은 관계를 유지하기 위해 노력해야 한다. 예를 들면, 같이 근무하는 부서의 상사, 동료, 후배와 이야기할 때 주의 깊게 듣고 상대방의 입장을 이해하는 마음을 키워야 한다. 그리고 어려운 일이 생기면 혼자서 걱정하지 말고 동료나 상사에게 먼저 다가가 도움을 요청하는 것도 좋은 관계를 만드는 데에 도움일 될 것이다.

What is the most difficult in an office life? Many employees would answer as follows: "What is difficult is not the work but relations (관계) with other people". Even if the work matches the aptitude (적성), if it is uncomfortable (불편하다) to work with co-workers, the work becomes difficult. Since usually one cannon like all colleagues (동료) in a department or a team, a person always needs to put effort in maintaining good relationship. For example, a person should attentively listen to his senior (상사), colleague (동료), and junior (후배) and should develop a habit to understand opponent (상대방)'s position. Also in a difficult situation, instead of worrying alone, approaching a senior or a colleague and asking their help would help a lot in establishing good relationships.

Expression for telling about what you want to achive in the future.

 Expression pattern practice

제 목표는 회사가 성장하는 데에 도움이 되는 것입니다.
My goal is to become helpful in company's growth.

제 목표는 이 분야에서 전문가가 되는 것입니다.
My goal is to become a specialist in this field.

제 목표는 이 분야에서 실력을 쌓는 것입니다.
My goal is to accumulate experience in this field.

제 목표는 한국에서 오래 근무하는 것입니다.
My goal is to work for many years [long time] in Korea.

 Dialogue practice

A: 앞으로 어떤 계획이 있습니까? │ What plans do you have for the future?

B: 실력을 쌓아서 빨리 진급하고 싶습니다. │
  I want to accumulate skills and be promoted as soon as possible.

A: 그럼, 본의의 최종 목표는 무엇인가요? │ So what is you ultimate goal?

B: 한국의 좋은 제품을 세계에 알리는 전문가가 되는 것입니다. │
  Becoming a specialist promoting good Korean products to the world.

My goal is ~.

회사마다 다르지만 일반적으로 승진 기간은 비슷하다. 사원에서 대리로 승진하기 위해서는 보통 4년의 기간이, 대리에서 과장으로 승진하기 위해서 4년의 기간이, 과장에서 차장으로 승진하기 위해서 5년의 기간이, 그리고 차장에서 부장으로 승진하기 위해서는 보통 5년의 기간이 필요하다. 하지만 요즘에는 맡은 직위에 따라, 그리고 성과에 따라 승진 기간이 더 짧아지거나 길어지는 경우가 많다. 따라서 과장에서 부장으로 승진하기 위해서 10년 이상의 승진 기간이 필요할 수도 있다.

It may differ from company to company, but usually period until one gets promoted (승진 기간, literally: promotion period) is similar. Period from assistant to assistant manager usually takes 4 years, from assistant manager to manager: 4 years, from manager to senior manager: 5 years, and from senior manager to general manager: 5 years. However, these days, depending on a rank (직위) or work results (성과), the period can be shortened or prolonged. So it might take more that 10 years to be promoted from manager to general manager.

06 ~에서 일할 수 있는 기회가 주어진다면 최선을 다하겠습니다.

Expression for telling your will.

 Expression pattern practice

A회사에서 일할 수 있는 기회가 주어진다면 최선을 다하겠습니다.
I will do my best once I will have a chance to work at company A.

B회사에서 일할 수 있다면 모든 노력을 다하겠습니다.
I would make every effort if I work at company A.

C회사에서 일할 수 있다면 저의 모든 열정을 보여드리겠습니다.
I will show all my enthusiasm if I work at company C.

D회사에서 일할 수 있는 기회를 주신다면 최선을 다해 일하겠습니다.
I will work doing my best if you give me a chance to work at company D.

 Dialogue practice

A: 오늘 면접을 보느라고 고생하셨습니다. | You did a good job at the interview.

B: 저에게 면접 기회를 주셔서 고맙습니다.
Thank you for giving me a chance for the interview.

C: 끝으로 하고 싶은 말이 있습니까? | Would you like to say anything for the last?

D: 저에게 A회사에서 일할 수 있는 기회가 주어진다면 앞으로 최선을 다하겠습니다.
I will do my best once I will have a chance to work at company A.

I will do my best once I will have a chance to work at ~.

 One step forward

한국기업과 비즈니스 한국어학과 간의 학점 인정 인턴십 프로그램을 진행하였고 인턴십 프로그램을 처음으로 경험한 전공 학생과 한국회사에 대하여 느낀 점을 이야기했다. 현지 직원들은 회사 보다는 가족을 위한 시간과 개인을 위한 시간을 우선하지만 집에도 거의 들어가지 않고 일을 하는 한국 직원들의 모습을 보면서 한국 직원들은 회사를 최우선으로 생각하는 것으로 느꼈다고 한다. 한국인의 근면성이 한국기업의 빠른 성장에 밑거름이 되었지만 해외에서의 근무환경을 고려해 보면 외국 직원들이 이해하기 어려운 한국기업의 직장문화 중에 하나일 것이다.

One student, who majored (전공하다) business Korean (비즈니스 한국어학과) and for the first time experienced (경험하다) internship program, which was organised between a Korean company and his department and providing credits (학점), shared his impression about Korean company. Seeing how Korean employees, even though prioritizing (우선하다) personal (개인) and family time, work hard and almost do not go home, he felt that Korean employees put company on the first place. Diligence and hard work of Korean people became a background (밑거름) for fast growth (성장) of Korean companies, however, if we take into account working environment (근무환경) abroad, these might be some of the characteristics of the Korean working culture (직장문화), which is difficult to understand for foreign employees.

단어(Vocabulary)

2과에서 배운 중요 단어 확인하기(Checking main vocabulary from Unit 2)

Write in English the meaning of the following words.

1. 지원하다 _____
2. 역할 _____
3. 책임 _____
4. 경력 _____
5. 제품 _____
6. 경험 _____
7. 장점 _____
8. 관리자 _____
9. 전문가 _____
10. 최선 _____

Match the words with the same meaning

1. promotion   • 기회
2. atmosphere   • 의견
3. aim/goal   • 분위기
4. concentration   • 기간
5. head / chief of team / department   • 승진(진급)
6. opinion   • 목표
7. period   • 긍정적
8. weakness/drawback/con   • 집중력
9. chance / opportunity   • 부서장
10. optimistic   • 단점

문장(Sentense)

2과에서 배운 중요 문형 표현을 문장으로 쓰고 말하기
(Translate the sentences using expression patterns learned in Unit 2)

Expression patterns

1. I am Raziz who applied to sales department.
   _____

2. I want to become a person in charge of the department.
   _____

3. What is your ultimate goal?
   _____

4. What kind of work would you like to do in our department?
   _____

5. I want to become a manager responsible for the department.
   _____

6. My greatest strength is optimistic mind.
   _____

7. My goal is to become a specialist in this area.
   _____

8. What plans do you have for the future?
   _____

9. Thank you for giving me an opportunity for the interview.
   _____

10. I will do my best once I will have a chance to work at company A.
    _____

Comprehensive Practice (종합 연습)

Interview

Write a correct expression in brackets

지원자: 안녕하세요? 1. (_____).

면접관: 2. (_____)?

지원자: 네, 저는 B대학에서 비즈니스 한국어학을 전공했습니다.

면접관: 3. (_____)?

지원자: 대학에서 비즈니스 한국어학을 공부하면서 관심을 갖게 되었습니다. 그리고 회사가 고향에서 가까워서 지원하게 되었습니다.

면접관: 4. (_____)?

지원자: 네, 인턴십프로그램으로 3개월 동안 H회사 인사부에서 일했습니다.

면접관: 자신의 5. (_____).

지원자: 많은 사람들과 잘 어울리고 성격이 활동적입니다.

면접관: 네, 알겠습니다. 마지막으로 하고 싶은 말이 있습니까?

지원자: A회사에서 6. (_____).

Keys

1. I am Monica who applied to sales department.
2. What is your major?
3. What is your motive for applying to Company A?
4. Do you have experience working in a Korean company?
5. Tell me about your strengths.
6. I will do my best if you give me a chance to work.

Unit 03

Office hours 업무 시간

● ○ ○

업무 일과, 조퇴, 결근
Start and end of work, early leave, and absence

01. 근무시간은 ~부터 ~까지입니다. / Office hours are from ~ to ~.

02. 실례지만, ~때문에 먼저 퇴근하겠습니다. /
Excuse me. I will leave first because of ~.

03. ~(으)니까 좀 일찍 출근해야 할까요? /
Should I come to work early because of ~?

04. ~아/어/여서 결근했습니다. / I was absent because of ~.

05. ~아/어/여서 죄송합니다. / Sorry for ~.

근무 시간은 ~부터 ~까지입니다.

Company working hours

Expression pattern practice

생산부 근무시간은 오전 7시부터 오후 3시까지입니다.

Office hours of the production department are from 7 a.m. to 3 p.m.

영업부 근무시간은 오전 9시부터 오후 5시까지입니다.

Office hours of the sales department are from 9 a.m. to 5 p.m.

회사 업무시간은 오전 8시부터 오후 6시까지입니다.

Company working hours are from 8 a.m. to 6 p.m.

구내식당 업무시간은 오전 10부터 오후 8시까지입니다.

Cafeteria working hours are from 10 a.m. to 8 p.m.

Dialogue practice

A: 근무시간은 보통 어떻게 됩니까? What are the office hours usually?

B: 네, 저희 영업부는 보통 오전 9시부터 오후 5시까지 일을 합니다.
Our sales department usually works from 9 a.m. to 5 p.m.

A: 일이 많을 때는 어떻게 합니까? What do you do when you have a lot of work?

B: 일이 많은 날에는 더 늦게 퇴근합니다. 하지만 연장근무 수당을 받습니다.
On days when there is a lot of work we go home late. However we get extra pay for overtime work.

Office hours are from ~ to ~.

 One step forward

한국회사에서 연장 근무를 하는 경우는 크게 두 가지가 있다. 부서에서 해야 할 급한 일이 생긴 경우나 직장 상사가 퇴근하라는 말 없이 퇴근을 하고 있지 않은 경우이다. 보통 두 번째의 경우는 직급이 낮거나 승진이 얼마 남지 않은 경우로 직장 상사의 눈치를 보기 때문이다. 외국 회사의 경우를 보면 첫 번째의 상황처럼, 급한 업무가 있는 경우 외에는 연장 근무를 하는 경우는 거의 없다. 그것도 급한 업무가 생기면 보통 책임자가 일의 중요성을 자세히 설명하고 직접 연장 업무를 부탁한다. 이것은 외국 회사의 근무 문화와도 관련이 있다. 한국 회사에서는 모든 부서에서 업무를 빠르게 마무리하는 것을 중요하게 여기기 때문에 연장 근무도 당연하게 생각하는 경향이 있다.

There are two cases of overtime work (연장 근무) in a Korean company. The first is when there is really urgent work that has to be done and the second is when not going home because a senior does not tell to go home. The second case is related to employees with low position or employees who have been promoted (승진) recently so they act cautiously (눈치를 보다). As for foreign companies, usually almost nobody works overtime, except for the first case when there is urgent (급한) work. And even in that case person in charge will explain in detail (자세히) the importance of the work and will ask directly to work overtime. It is also related to working culture of foreign companies. In all departments of Korean companies completing (마무리하다) the work task fast is believed to be important.

Expression for a case of leaving work first.

Expression pattern practice

실례지만, 내일 출장 때문에 먼저 퇴근하겠습니다.
Excuse me. I will leave first because of tomorrow's business trip.

실례지만, A회사 담당자와 회의 때문에 먼저 퇴근하겠습니다.
Excuse me. I will leave first because of a meeting with person in charge from the company A.

거래처 일 때문에 먼저 퇴근하겠습니다.
Excuse me. I will leave first because of the work with client.

공항에 배웅을 가야하기 때문에 먼저 퇴근하겠습니다.
Excuse me. I will leave first because I have to see off a person at the airport.

Dialogue practice

A: 화요일까지 이 일을 마무리해 주세요. | Complete this work until Tuesday.

B: 과장님, 수요일까지 끝내면 안 될까요? | Manager, may I finish until Wednesday?

A: 무슨 일이 있습니까? | What is the matter?

B: 네, 화요일에 부장님과 대전 지사에 가기로 하였습니다. 늦어도 수요일까지 마무리하겠습니다.
On Tuesday general manager and I are going to the Daejon branch office. I will finish no later than Wednesday.

Excuse me. I will leave first because of ~

A: 네, 그렇게 해 주세요. | OK, do that way.

B: 그럼, 내일 출장 때문에 먼저 퇴근하겠습니다. |
Then I will leave first because of tomorrow's business trip.

 One step forward

한국 회사에서 퇴근할 때 많이 사용하는 표현 중에는 '수고하십시오(수고하세요)', '고생하십시오(고생하세요)', '애쓰십시오(애쓰세요)' 표현을 자주 사용한다. 이 표현들은 직급이 낮은 사람이 직급이 높은 사람에게 사용하면 안 되는 표현들이다. 다시 말하면, 아랫사람이 윗사람에게 사용하면 안 되는 말들이고 윗사람이 아랫사람에게 보통 하는 표현들이다. 바른 표현으로는 '먼저 퇴근하겠습니다', '먼저 집으로 들어가겠습니다', '내일 뵙겠습니다' 등을 사용하는 것이 좋다.

In Korean companies, when leaving the office, the following expressions are used quite often: '수고하십시오 (수고하세요)', '고생하십시오 (고생하세요)', '애쓰십시오 (애쓰세요)' which has more or less similar meaning: 'Make efforts'. However these expressions cannot be used by low rank employees to high rank employees. In other words, only seniors can use these expressions to its subordinates. Therefore the most appropriate expressions to say when leaving the office would be: '먼저 퇴근하겠습니다' ('I am leaving first'), '먼저 집으로 들어가겠습니다' ('I will go home first'), '내일 뵙겠습니다' ('See you tomorrow').

~(으)니까 좀 일찍 출근해야 할까요?

Expression to confirm about coming to work early

 Expression pattern practice

아침에 중요한 회의가 있으니까 좀 일찍 출근해야 할까요?
Should I come to work early because of the important meeting tomorrow morning?

내일 6시에 출발하니까 일찍 출근해야 할까요?
Should I come to work early because tomorrow we need to depart at 6 o'clock?

오전에 부장님 면담이 있으니까 일찍 출근해야 할까요?
Should I come to work early because of the scheduled consultation with the general manager tomorrow morning?

아침에 중요한 바이어가 오니까 일찍 출근해야 할까요?
Should I come to work early because an important buyer will visit tomorrow morning?

 Dialogue practice

A: 김 대리님, 내일 회의에는 부장님도 참석하시나요?
Assistant manager Kim, will general manager attend tomorrow's meeting as well?

B: 네, 부서의 모든 직원이 참석할 거예요.
Yes, all employees of the department will attend.

Should I come to work early because of ~?

A: 그러면, 회의 준비를 잘해야겠네요. 중요한 회의이니까 내일은 좀 일찍 출근해야 할까요?

Then I should prepare well. Should I come to work early tomorrow because of the important meeting?

B: 네, 처음 참석하는 회의니까 좀 일찍 출근하세요.

Yes, since it is the first meeting you attend, come to work early.

A: 네, 알겠습니다 | I understood.

 One step forward

회의는 보통 부서의 구성원들이 토론하고 아이디어를 이야기하기 위하여 하게 된다. 회의를 하기 전에 반드시 읽고 준비하여야 할 것이 회의운영계획서(Agenda, 의제)이다. 회의운영계획서를 보면, 회의 목적, 목표, 그리고 회의 주제를 알 수 있다. 또한 회의 참석자 수와, 회의 장소, 일시를 알 수 있다. 회의운영계획서가 보다 중요한 것은 회의 의제마다 누가 발표를 할 것이며, 발표 시간은 어느 정도 될 것인지 예상할 수 있기 때문에 회의를 효과적으로 설계하는 데에 필요하다.

Meetings are made for the members of the department to express their ideas and have debates (토론). Before the meeting one should prepare and read the meeting agenda (회의운영계획서, 의제). Meeting agenda contains information about meeting purpose (목적), goals (목표) and topic (주제). Also there are a number of attendees, meeting place and time. More important is who is going to have presentation by each agenda issue, estimating (예상하다) the time for each presentation can help to plan effective meeting.

04 ~아/어/여서 결근했습니다.

▶▶▶▶▶▶▶▶

Expression for telling a reason for absence

 Expression pattern practice

어제 갑자기 교통사고가 나서 **결근했습니다.**
I was absent because of a sudden car accident yesterday.

갑자기 팔을 다쳐서 **결근했습니다**
I was absent because I hurt my arm suddenly.

집안에 급한 일이 생겨서 **결근했습니다.**
I was absent because something urgent came up at home.

어제 친척 분이 갑자기 돌아가셔서 **결근했습니다.**
I was absent because one relative passed away suddenly yesterday.

 Dialogue practice

가: 김 주임, 어제 왜 **결근했습니까?**
Senior associate Kim, why were you absent yesterday?

나: 회사에 출근하다가 갑자기 교통사고가 나서 결근했습니다.
I was absent because of a sudden car accident on my way to the office.

가: 부장님께 보고드렸습니까? Did you report to the general manager?

나: 네, 사고가 난 후에 바로 보고드렸습니다.
Yes, I reported right away after the accident.

I was absent because of ~.

 One step forward

한국의 한 취업사이트(사람인)에서 한국 직장인 1892명을 대상으로 '거짓말이나 핑계를 대고 출근하지 않은 경험'에 대하여 설문조사를 하였다. 그 결과는 보면, 가장 많이 결근한 이유는 '그냥 쉬고 싶어서'가 54.3%로 많았다. 그리고 '이직 관련 일정이 있어서' 결근한 경우는 35.6%로 다음으로 많은 직장인이 응답하였다. 그 외에도 '갑자기 급한 일이 생겨서', '여행을 가기 위해서', '회의에 참석하기 싫어서' 등 다양한 대답이 있었다. OECD(Organization for Economic Co-operation and Development) 국가 중에서 근무시간이 가장 많은 나라는 한국이다. 아마도 과도한 업무 때문에 이와 같은 대답을 하였을 것이라고 추정해 볼 수 있다.

One of the Korean headhunting websites (사람인 / Saramin) did the survey (설문조사) among 1892 Korean employees on the experience of not going to work under some fake reason or excuse. As a result, the main reason for absence (결근) was 'just simply want to have rest' with 54.3% respondents. The next most popular answer of 35.6% respondents was 'I had appointments related to the changing the job'. Besides the abovementioned there were various answers like: 'Because something urgent came up', 'Because of a trip', 'Because I do not want to participate in the meeting'. Korea is a country with the longest working hours (근무시간) among OECD (Organization for Economic Co-operation and Development) countries. We can assume that probably the abovementioned survey results are due to excessive work (과도한 업무).

05

~아/어/여서 죄송합니다.

Expression for apologizing for a mistake or doing wrong

Expression pattern practice

회의에 늦어서 **죄송합니다.** | Sorry for being late for the meeting.

보고서가 늦어져서 **죄송합니다.** | Sorry for the being late with the report.

제품 배송이 늦어져서 **죄송합니다.** | Sorry for the late delivery of the product.

서비스 이용에 불편을 드려서 **죄송합니다.** |
Sorry for causing inconvenience in using the service.

Dialogue practice

A: 김 주임, 지난주에 말한 보고서는 다 끝났어요? |
　Senior assistant Kim, have you finished the report I told last week?

B: 아직 작성하지 못했습니다. 보고서가 늦어져서 죄송합니다. |
　I haven't written it yet. Sorry for being late with the report.

A: 이번주 목요일까지는 끝내야 합니다. | You should finish until this Thursday.

B: 네, 늦어도 목요일까지는 마치도록 하겠습니다. |
　Yes, I will complete no later than Thursday.

Sorry for ~.

신입사원이 자주 하게 되는 말은 '죄송합니다'이다. 낯선 환경에서 처음으로 만난 직원들과 새로운 일을 시작하게 되면 누구나 실수를 하게 된다. 예를 들면, 거래처에서 온 전화를 받을 때, 업무 보고, 회의 준비할 때 등 회사 업무를 잘 파악하기 전까지는 자주 실수를 하게 된다. 사람은 누구나 처음부터 완벽해질 수는 없다. 자신의 부족한 부분을 찾아 채우면서 나아가는 것이다. 따라서 실수를 했을 경우에는 바로 보고하고 책임자에게 도움을 요청하는 것이 좋다. 그리고 같은 실수를 다시 하지 않도록 본인만의 방법을 찾는 것도 중요할 것이다.

One of the most often said expression of new employees is "I am sorry". Anybody can make a mistake (실수) when starting a new work with employees who one sees for a first time in an unfamiliar environment. For example, until thorough understanding of the company business, mistakes can be repeated when receiving a call from a client (거래처), when reporting, and when preparing for a meeting. No human can work perfect (완벽하다) from the beginning. One should continuously search his/her drawbacks and improve them. Therefore, in case of making a mistake, it is advisable to report right away to a person in charge and ask for help. Also it is important to find your own way of not repeating the same mistake again.

단어(Vocabulary)

3과에서 배운 중요 단어 확인하기(Checking main vocabulary from Unit 3)

 **Write in English the meaning of the following words.**

1. 수당 _____
2. 승진 _____
3. 연장근무 _____
4. 출장 _____
5. 거래처 _____
6. 배웅 _____
7. 참석 _____
8. 교통사고 _____
9. 죽다 (돌아가시다) _____
10. 보고 _____

Match the words with the same meaning

1. Something urgent   • 핑계
2. Report (written)   • 제품
3. Client   • 보고서
4. Agenda   • 배송
5. Talk (face-to-face)   • 작성
6. Product   • 거래처
7. Write   • 결근
8. Absence (from work)   • 급한 일
9. Excuse   • 의제
10. Delivery   • 면담

문장(Sentense)

3과에서 배운 중요 문형 표현을 문장으로 쓰고 말하기
(Translate the sentences using expression patterns learned in Unit 3)

Expression patterns

1. Office hours of the sales department are from 9 a.m. to 5 p.m.

_____

2. What do you do when you have a lot of work?

_____

3. Excuse me. I will leave first because of tomorrow's business trip.

_____

4. Please complete this work until Tuesday.

_____

5. There is an important meeting tomorrow morning, so please come to work early.

_____

6. All employees of the department will attend the meeing.

_____

7. I was absent because of a sudden car accident yesterday..

_____

8. Why were you absent yesterday?

_____

9. Sorry for being late with the report.

_____

10. I will prepare the report not later than Thursday.

_____

Comprehensive Practice (종합 연습)

Meeting

Write a correct expression in brackets

대리: 내일 아침에 1. (_____).

신입사원: 네, 알겠습니다. 그런데 몇 시까지 출근해야 할까요?

대리: 2. (_____).

신입사원: 네, 알겠습니다.

(다음 날)

신입사원: 3. (_____).

대리: 왜 늦었습니까?

신입사원: 4. (_____).

대리: 다치지 않았어요?

신입사원: 네, 괜찮습니다. 앞에 차가 교통사고가 나서 저는 다치지 않았습니다.

대리: 그럼, 빨리 회의 준비합시다.

Keys

1. There is an important meeting, so come to work early.

2. Since you need to prepare for the meeting, you should come until 8 a.m.

3. I am sorry for being late.

4. I am late because of a sudden car accident.

Using office equipment
사무실 기기 사용

● ○ ○ ○

회의 자료 출력하기, 기기 사용 질문하기
Printing meeting materials, asking how to use office equipment

01. ~을/를 출력해도 될까요? / May I print ~?

02. 중요한 ~(으)니까 ~(으)세요. / Please do ~ because ~ is important.

03. ~은/는 어디에 있습니까? / Where is ~?

04. ~ 사용하는 방법을 가르쳐 주세요. / Please teach me how to use ~.

05. ~에 감사드립니다. / Thank you for ~.

Asking about printing materials for a meeting and work report

 Expression pattern practice

이 자료를 출력해도 될까요? | May I print this material?

10부를 출력해도 될까요? | May I print 10 copies?

오후까지 회의 자료를 출력해도 될까요? |
May I print materials for a meeting by this afternoon?

회의 계획서를 출력해도 될까요? | May I print meeting agenda?

 Dialogue practice

A: 회의 준비는 잘 했어요? | Did you prepare well for the meeting?

B: 네, 열심히 준비하고 있습니다. 회의 참가자가 모두 몇 명인지 아세요? |
Yes I am preparing diligently. Do you know how many people will attend?

A: 부장님 포함해서 8명입니다. |
There will be 8 people including general manager.

B: 그럼, 충분하게 회의 자료 10부를 출력해도 될까요? |
Then is it OK to print 10 copies of the material?

A: 네, 그 정도면 충분할 거예요. | Yes, that will be enough.

May I print ~?

 One step forward

보통 회의 일주일 전에 직장 상사가 회의 주제를 말해 준다. 그러면 회의 주제와 관련하여 어떤 자료가 필요한지 확인하고 회의에 필요한 참고 자료나 발표 자료를 준비해 두는 것이 필요하다. 이런 준비를 하게 되면 회의 내용을 이해하는 데에 도움이 될 것이다. 그리고 회의 자료를 출력할 때는 보통 흑백으로 출력을 하며, 양면으로 자료를 출력하는 것이 좋다. 그리고 발표를 하게 될 경우에는 여러 페이지로 종이 한 장에 출력하여 발표화면에 간결하게 제시하는 것이 필요하다.

Usually a senior tells about the topic of the meeting one week in advance. Then it it is important to check what information is needed for the discussion of the topic and to prepare presentation material (발표 자료) or reference material (참고 자료). Such preparation will help to understand the content of the meeting. Also meeting material is usually printed in black and white, and it is advisable to print (출력하다) on both sides of paper. Also, in case of making presentation, on top of the presentation screen, you need to present (제시하다) in brief (간결하게) the material summarized on several pages and printed on one sheet.

02 중요한 ~(으)니까 ~(으)세요.

▶▶▶▶▶▶▶

Expression for asking a favor with polite explanation of the reason

 Expression pattern practice

중요한 회의가 있으니까 모두 참석하세요.
Please participate all, because the meeting is important.

거래처에서 중요한 손님이 오니까 일찍 출근하세요.
Please come to work early, because an important guest from client company will come.

중요한 내용이니까 부장님에게 바로 보고하세요.
Please report to the general manager right away, because it is an important issue.

중요한 내용이니까 회의에 참석하지 않은 사람에게도 보내세요.
Please send it to the people that did not participate in the meeting, because it is an important issue.

 Dialogue practice

A: 이 보고서는 언제까지 제출해야 하나요? | Until when should I submit this report?

B: 중요한 보고서이니까 내일까지 제출하세요.
Please submit it until tomorrow, because it is an important report.

A: 부장님에게 드리면 됩니까? | May I submit to the general manager?

B: 먼저 김 과장님에게 드려서 내용을 확인하세요.
First submit to manager Kim and check the content.

Please do ~ because ~ is important.

 One step forward

한국기업과 해외 외국기업과의 기업 문화를 비교할 때 가장 큰 차이점은 아마도 '결재 문화'일 것이다. 도장이 찍히는 결재 양식을 사용하는 나라는 많지 않다. 일반적인 결재 순서는 실무자→ 과장→ 팀장→ 부서장→ 임원 순서로 결재판을 들고 서명이나 도장을 받기 위해서 순서를 기다려야 한다. 반면에 해외 외국기업에서는 대부분의 의사결정을 전자 시스템으로 '이메일 보고 → 부서(팀) 게시판 확인 → 부서 담당자 결재' 순서로 이루어진다. 요즘 한국기업에서도 '전자 결재'를 사용하는 기업이 점차 늘고 있다. 전자 결재 방식은 결재자가 부재 중일 때도 문제가 없으며, 결재자의 서명을 직접 받기 위해서 기다릴 필요가 없다.

Probably the main difference between corporate cultures of Korean companies and foreign companies is 'authorization culture'. There are not many countries which use special formats for authorization with putting a seal. Usually authorization is received in the following order: person in charge (실무자) → manager (과장) → team leader (팀장) → head of the department (부서장) → managemen level person (임원). Traditional way is to wait for a signature or stamping on a document with authorization folder in hands. Meanwhile in a foreign company, most of the decisions are made through electronic system in the following way: report through email → publication on notice board → approval of the head of the department. These days in Korea the number of companies using electronic authorization (전자 결재) is gradually increasing as well. With electronic system there is no problem if a person who should give authorization is absent and there is no need for waiting for a person to receive the signature.

03 ~은/는 어디에 있습니까?

▷▷▷▷▷▷▷▷▷

Expression for asking necessary information

 Expression pattern practice

세미나실은 어디에 있습니까? | Where is the seminar room?

다용도실(탕비실)은 어디에 있습니까? |
Where is the multipurpose room (office kitchen)?

비서실은 어디에 있습니까? | Where is the secretary office?

홍보실은 어디에 있습니까? | Where is the public relations department office?

구내 식당은 어디에 있습니까? | Where is the cafeteria?

 Dialogue practice

A: 커피 한잔 하려고 합니다. 다용도실은 어디에 있습니까? |
I would like a cup of coffee. Where is the office kitchen?

B: 2층에 있습니다. | It is on a second floor.

A: 김 대리님도 커피 한잔 하시겠어요? |
Assistant manager Kim, would you like a cup of coffee?

B: 네, 같이 가시죠. | Yes, let's go together.

Where is ~?

One step forward

회사마다 직원들을 위한 탕비실(湯沸室)이 있다. 탕비실의 의미는 '사무실에서 물을 끓이거나 그릇을 씻을 수 있게 마련된 작은 방'을 말한다. 하지만 최근에는 탕비실이 회사의 분위기를 결정하는 중요한 장소로 여겨진다. 그 주된 이유는, 차를 마시거나 과자를 먹으면서 부서원들 간의 소통을 위한 장소가 되었기 때문이다. 탕비실은 일본식 한자어에서 온 말이다. 그러므로 탕비실이라는 단어 보다는 '다용도실', 또는 '준비실'이라고 사용하는 것이 맞다.

Every company's office has an office kitchen (탕비실, 湯沸室) for its employees. The meaning of '탕비실' is 'a small room for boiling water or washing dishes'. However, nowadays this space is believed to have an important role in creating an atmosphere in the office. The main reason is that this room became a place for communication between employees over a cup of tea with cookies. The word '탕비실' comes from Japanese characters, therefore it is correct to use words like '다용도실' (multipurpose room), or '준비실' (preparation room), not '탕비실'.

Expression for asking how to use office equipment

 Expression pattern practice

복사기 **사용하는 방법을 가르쳐 주세요.**
Please teach me how to use copy machine.

게시판 **사용하는 방법을 가르쳐 주세요.**
Please teach me how to use notice board.

회사 공지 프로그램 **사용하는 방법을 가르쳐 주세요.**
Please teach me how to use company's notice program.

파쇄기 **사용하는 방법을 가르쳐 주세요.** Please teach me how to use shredder.

 Dialogue practice

A: 회의 주제를 게시판에 공지해야 하는데요. 회사 게시판 사용하는 방법을 가르쳐 주세요.
I need to notify of a meeting topic through the notice board.
Please teach me how to use company's notice board.

B: 부서원 모두에게 알려야 하나요?
Do you need to notify all employees of the department?

A: 네, 김 과장님이 부서원 모두에게 알리라고 하셨습니다.
Yes, assistant manager Kim told to notify all amployees of the department.

B: 그럼, 우선 회사원 ID로 로그인해 보세요.
Then first try to login with empolyee's ID.

Please teach me how to use ~.

 **One step forward**

한국 군대에서는 직책 상 입대한 순서에 따라 '선임'과 '후임'으로 부른다. 그리고 군 생활에서는 선임을 '사수', 후임을 '부사수'라고 부른다. 그리고 이러한 호칭은 한국 회사에서 신입사원에게 업무를 가르쳐주는 선배 직원을 부르는 말로 '사수'를 사용한다. 사수의 의미는 회사 업무를 가르쳐주고 조언과 도움을 주는 멘토 (mentor)와 같은 의미로 사용이 되는 것이다. 한국에서 인기 있었던 드라마 '미생'에서 다음과 같이 말한 장면이 있다. '장그래 씨, 신중한 사수와 성실한 후임이 있는 그런 곳에 가야 합니다.'

In Korean army soldiers are called '선임' (senior) or '후임' (junior) according to the order of enlistment to the position. Also in army another word for '선임' is '사수' (marksman) and for '후임' is '부사수' (vice-marksman). This vocabulary became to be used in Korean office life, for example, the word '사수' is used to call a senior employee who teaches the work to a freshman. So the word '사수' obtained a new meaning of a mentor who helps and gives advice on work(조언 과 도움을 주는) . In one popular Korean drama 'Misaeng: Incomplete Life' there was a scene with the following expression: '장그래 씨, 신중한 사수와 성실한 후임이 있는 그런 곳에 가야 합니다.' ('Mr. Geu-rae Jang, you need to go to a place where there are discreet senior and faithful junior').

Expression for expressing gratitude

 Expression pattern practice

회사 안내에 감사드립니다. | Thank you for the tour through the office.

이메일 회신에 감사드립니다. | Thank you for the reply email.

친절에 감사드립니다. | Thank you for your kindness.

저희 제품에 관심을 가져 주셔서 감사드립니다. |
Thank you for your interest in our products.

 Dialogue practice

A: 여러 부서를 다니면서 인사를 하니까 느낌이 어떤가요? |
How do you feel after going through several departments and greeting all
coworkers?

B: 모든 부서의 선배님들이 친절하게 맞아주셔서 고마웠습니다. |
I feel greatful for kind welcome of seniors' from all departments.
특히, 모든 부서를 안내해 주신 김 대리님에게 고마웠습니다. |
Especially I am thankful to you, assistant manager Kim, for the tour through
all the departments.

A: 나도 처음 입사했을 때가 생각나더군요. |
It remined me of the time when I first came to the company and greeted
everybody.

Thank you for ~.

B: 친절한 안내에 감사드립니다. | Thank you for your kind guide.

 One step forward

'감사(感謝)합니다'는 조선시대 때부터 사용한 한자어 표현이고 '고맙습니다' 표현은 순 우리말(고유어)이다. 일반적으로 감사합니다는 공손 표현으로 사용하고 고맙습니다는 친근한 사이에 사용하는 표현이라고 생각을 한다. 하지만 이 두 표현의 유일한 차이점은 한자어와 순 우리말이라는 것 이외에는 다른 차이점은 없다. 예를 들면, 순 우리말인 '손님'보다 한자어 '고객(顧客)님'를 공손 표현으로 생각하는 것도 비슷한 이유에서이다. 한국어를 배우는 외국인뿐만 아니라 한국사람도 두 표현을 바르게 인식하고 사용하는 것이 바람직할 것이다.

The word '감사(感謝)합니다' has been used since Joseon dynasty and has its origin in Chinese characters(한자어), meanwhile the word with the same meaning '고맙습니다' is purely Korean word(순 우리말, 고유어). Usually it is believed that '감사합니다' is used as courtesy expression, and '고맙습니다' is used between people in close relationship. However, basically there is no any other difference except for the fact that the one is from Chinese characters and the other is purely Korean word. Another example of the same differentiation is the use of Chinese word '고객(顧客)님' as a courtesy expression(공손 표현) rather than using purely Korean word '손님' (customer). It is advisable that not only foreigners who study Korean but Koreans as well understand the two words correctly.

단어(Vocabulary)

4과에서 배운 중요 단어 확인하기(Checking main vocabulary from Unit 4)

Write in English the meaning of the following words.

1. 자료 _____
2. 계획서 _____
3. 출력 _____
4. 발표 _____
5. 참고 _____
6. 회의록 _____
7. 제출 _____
8. 결재 _____
9. 환영 _____
10. 회식 _____

Match the words with the same meaning

1. shredder	• 안내
2. junior	• 친절
3. multipurpose room / office kitchen	• 관심
4. notice board	• 선임
5. kindness	• 후임
6. secretary office	• 게시판
7. tour / guide	• 파쇄기
8. senior	• 비서실
9. public relations department office	• 홍보실
10. interest	• 다용도실

문장(Sentense)

4과에서 배운 중요 문형 표현을 문장으로 쓰고 말하기
(Translate the sentences using expression patterns learned in Unit 4)

Expression patterns

1. Untill when should I print documents for the meeting?

_____

2. Do you know how many participants will be at the meeting?

_____

3. Untill when should I submit the report?

_____

4. Because it is an important report, please submit it until tomorrow.

_____

5. Where is the secretary office?

_____

6. Where is the public relations department office?

_____

7. Thank you for your reply email.

_____

8. Should I notify all employees of the department?

_____

9. Thank you for your interest in our product.

_____

10. I will do my best for the company.

_____

Comprehensive Practice (종합 연습)

Notice to the department

Write a correct expression in brackets

대리: 다음주까지 1. (_____).

신입사원: 네, 알겠습니다. 그런데 아직 게시판 프로그램 사용 방법을 잘 모르겠습니다.

2. (_____).

대리: 알겠어요. 내가 오후에 가르쳐 줄게요.

신입사원: 네, 알겠습니다. 3. (_____)?

대리: 아직 결정이 안 되었어요. 결정이 되면 바로 알려줄게요.

그리고 4. (_____).

신입사원: 고맙습니다. 김 대리님.

대리: 그럼, 이따가 프로그램 사용 방법을 자세히 설명해 줄게요.

Keys

1. Please notify about meeting topic through the company's notice board.

2. I would be greatful if you could teach me how to use company's notice board program.

3. Is the place for the meeting decided?

4. Because it is an important meeting, for this time I will upload notification on the notice board.

Unit 05
Business conversation over a phone
업무 전화

● ○ ○ ○

정보를 묻고 확인하기, 전화로 질문하기, 메모 남기기, 안내하기
Asking and checking information, asking over a phone, leaving a note

01. ~(으)려고 전화드렸습니다. / I am calling to ~.

02. ~와/과 통화할 수 있을까요? / May I speak to ~?

03. ~을/를 남기시겠습니까? / Will you leave ~?

04. ~을/를 다시 말씀해 주시겠습니까? / Could you please repeat ~?

05. ~을/를 다시 한번 확인하고 싶습니다. / I would like to check ~.

06. ~(이)라고 전해 주시겠습니까? / Could you please pass on a message that ~?

Expression to explain the purpose of a call

Expression pattern practice

일정을 알려드리려고 전화드렸습니다.
I am calling to tell you about the schedule.

약속 시간을 확정하려고 전화드렸습니다.
am calling to fix the time for an appointment.

회의 일시를 정하려고 전화드렸습니다.
I am calling to fix the date and time of the meeting.

일의 진행 상황을 물어보려고 전화드렸습니다.
I am calling to ask about the progress of the work.

Dialogue practice

A: 안녕하세요? 영업부에 레나르입니다.
Hello. It is Lenar from the sales department.

B: 네, 총무부 김민수 과장입니다. 말씀하세요.
I am manager Minsoo Kim from the administration department.
I am listening (literally: Please talk).

A: 거래처 제품 설명서를 받았는지 확인하려고 전화드렸습니다.
I am calling to check whether you received client's product brochure?

B: 네, 어제 받았습니다. Yes, I received it yesterday.

I am calling to ~.

 One step forward

한국 드라마에서 신입사원이 전화 업무를 보면서 무척 긴장하는 장면이 있었다. 그 신입사원은 전화기를 보면서 마음 속으로 이렇게 말했다. "(전화기야~)울리지 마라, 제발 울리지 마." 전화 업무는 상대방을 볼 수 없고 목소리만으로 상황을 알아야 하기 때문에 긴장이 되기 마련이다. 회사에서의 전화 업무는 이메일과 함께 가장 많이 사용하게 된다. 그러므로 전화를 받고 끊을 때에 사용하는 기본적인 표현을 익히는 것이 전화 업무에 도움이 될 것이다. 예를 들면, 전화를 받게 되면 '영업팀 김민수 대리입니다.'와 같이 소속과 이름을 말해야 한다. 그리고 전화를 끊을 때는 '고맙습니다. 좋은 하루 되시기 바랍니다.'라고 마무리 인사를 하는 것이 좋다.

In one popular Korean drama there was a scene where a freshman was very nervous (긴장하다) about a business call. The freshman was looking at a phone and was saying: "[Telephone,] do not ring, please do not ring". It is normal to be nervous, because during a business call one needs to understand a situation (상황) without seeing the other party, only hearing his/her voice. In companies, calls are the most widely used tool for communication along with emails. In this regard, learning the following basic expressions (기본적인 표현) for receiving and finishing a business call (전화를 받고 끊을 때) will help. For example, when receiving a call one must say his/her name and [belonged] department (소속): "It is assistant manager Minsoo Kim from the sales department." And when finishing a call it is good to convey a wrap-up (마무리) greeting: "Thank you. Have a nice day."

Expression for asking for a person you want to speak to.

Expression pattern practice

영업부 책임자와 통화할 수 있을까요?
May I speak to a person in charge in the sales department?

김 대리와 통화할 수 있을까요? │ May I speak to assistant manager Kim?

총무부 김 과장님과 통화할 수 있을까요?
May I speak to manager Kim from the administration department?

인사부 김 부장님과 통화하고 싶습니다.
I would like to speak to general manager Kim from HR.

Dialogue practice

A: 안녕하세요? 영업부입니다. │ Hello. It is sales department.

B: 네, 저는 한국회사 총무부에서 근무하는 김 주임입니다.
　영업부 김 과장님과 통화할 수 있을까요?
　I am senior associate Kim from administration department of a Korean
　company.
　May I speak to manager Kim from the sales department?

A: 지금 자리에 안 계십니다. 무슨 일로 전화하셨는지요?
　He is not at his desk right now. What is the call about?

B: 일의 진행 상황을 물어보려고 전화드렸습니다.

May I speak to ~?

I am calling to ask about the progress of the work.

A: 들어오시면 전화왔었다고 말씀드리겠습니다.

I will tell him that you called when he will come back.

One step forward

한국회사에서 회사 생활을 하게 되면 업무 지시를 기록해야 하는 경우가 있다. 이것은 업무를 지시한 사람을 명확히 하여 책임 관계를 확실히 하기 위해서이다. 따라서 전화 업무를 볼 때 선배나 상사의 업무 지시를 메모하거나 기록하는 것이 중요하다. 전화 통화를 한 후에 메모로 남겨야 하는 일반적인 사항은 다음과 같다. 우선 '언제 전화 통화를 했는지', '누구와 전화통화를 했는지', '전화 통화자의 연락처', '전화로 요청하거나 전달할 사항' 등을 기록하는 것이 좋다.

During your work life in a Korean company there will be many cases when you need to note the work instructions (업무 지시를 기록하다). It is for making clear about who made instructions and responsibility relations (책임 관계). Therefore during a business call it is important to make note or write a memo (메모하다) about work instructions given by a senior or a boss. The usual details (사항) to write in a memo after finishing a call are as follows: 'time of the call', 'who called', 'contact information of the caller', 'details that were requested or delivered'.

~을/를 남기시겠습니까?

Expression for asking whether the other party would like to leave a note or contact information.

Expression pattern practice

연락처를 남기시겠습니까? | Will you let me know your contact information?

전화번호를 남기시겠습니까? | Will you leave your phone number?

이메일 주소를 남기시겠습니까? | Will you leave your email address?

전화하신 용건을 남기시겠습니까? | Will you let me know the reason of the call?

Dialogue practice

A: 김 과장님과 통화할 수 있을까요? | May I speak to manager Kim?

B: 지금 외근 중이십니다. | He is working outside of the office.

A: 언제쯤 통화가 가능할까요? | About when I can talk to him over the phone?

B: 오후에 전화하시면 됩니다. 이름과 연락처를 남기시면 전화왔었다고 전해드리겠습니다. |
You can call back in the afternoon.
If you let me know your name and contact information I will tell him that you called.

A: 제품개발부 이 차장이 전화했다고 전해주세요. |
Please tell him that senoir manager Lee from product development department called.

Will you leave ~?

 One step forward

회사에 근무하게 되면 출장(出張)을 가거나 외근(外勤)을 나가게 된다. 출장과 외근은 다른 의미를 가지고 있다. 사전적인 의미를 보면, '출장'은 '업무를 위하여 임시로 다른 곳으로 나감.'이라는 뜻의 명사이다. '출장을 가다', '해외 출장 중입니다', '김 과장님은 내일 러시아로 출장을 갈 겁니다' 등의 표현으로 자주 사용한다. '외근'의 경우에는 '직장 밖에 나가서 근무함. 또는 그런 근무'를 뜻하는 명사이다. '이번달에는 외근이 많습니다', '외근 후에 퇴근하겠습니다', '김 과장님은 외근 중입니다' 등으로 자주 사용한다.

  After you enter a company there will be times when you will have to go on a business trip (출장, 出張) or work outside of the office (외근, 外勤). '출장' and '외근' have different meanings. The definition of '출장' in a dictionary is a noun meaning temporary going to other place for doing a work. The following expressions are used often: '출장을 가다' (go on a business trip), '해외 출장 중입니다' (be on a business trip to a foreign country), '김 과장님은 내일 러시아로 출장을 갈 겁니다' (Manager Kim will go on a business trip to Russia tomorrow). In case of '외근', it is a noun the meaning of which is working outside of the office or a work that is performed outside of the office. It is used as follows: '이번달에는 외근이 많습니다' ('I have a lot of work outside the office this month'), '외근 후에 퇴근하겠습니다' ('I will go home after finishing work outside the office'), '김 과장님은 외근 중입니다' ('Manager Kim is working outside the office').

04 ~을/를 다시 말씀해 주시겠습니까?

Expression for asking to repeat what one did not understood or could not hear well.

 Expression pattern practice

성함을 다시 말씀해 주시겠습니까? | Could you please say your name again?

회의 장소를 다시 말씀해 주시겠습니까? |
Could you please say again what the meeting place is?

담당자 연락처를 다시 말씀해 주시겠습니까? |
Could you please repeat the contact information of the person in charge?

방금 하신 질문을 다시 말씀해 주시겠습니까? |
Could you please repeat your question that you asked just now?

 Dialogue practice

A: 회의 장소가 본사 3층 영업부 회의실로 바뀌었습니다. |
Meeting place was changed to sales department conference room at the 3rd floor of our building.

B: 장소를 다시 말씀해 주시겠습니까? |
Could you please say again what the meeting place is?

A: 본사 3층 영업부 회의실입니다. |
Sales department conference room at the 3rd floor of our building.

B: 네, 알겠습니다. 고맙습니다. | Understood. Thank you.

Could you please repeat ~?

 One step forward

회사에서 회의를 하게 되면 '회의록'을 작성하게 된다. 직장 상사가 사원의 업무 능력을 보기 위하여 회의록 작성을 지시하는 경우도 있다. 회의록은 보통 프로젝트 담당자가 작성하게 된다. 회의록을 작성할 때 기본적으로 준비해야 할 내용은 다음과 같다. 먼저 회의 시간과 장소를 적는다. 다음으로 회의 참석 인원을 적는다. 그리고 회의의 주제와 안건을 적는다. 끝으로 회의 후에 할 실행 사항에 대하여 적는다. 회의 주제는 간략하게 작성하고 안건을 어떻게 실행할 것인지를 요약하여 정리한다.

After having a meeting, one should write meeting minutes (회의록). There are cases whena senior in order to check working abilities of an assistant orders him/her to write meeting minutes. Usually meeting minutes are written by a person in charge of the project. Basically the following should be included in meeting minutes: first, time and place (시간과 장소) of the meeting; second, participants of the meeting (참석 인원); then topic and agenda (주제와 안건) of the meeting; and finally issues that should be followed-up (실행 사항) after the meeting. The topic of the meeting should be written briefly and there should be a summary of how the agenda will be put into practice.

~을/를 다시 한번 확인하고 싶습니다.

Expression for checking information

Expression pattern practice

회의 안건을 다시 한번 확인하고 싶습니다.
I would like to check meeting agenda again.

담당자의 전화번호를 다시 한번 확인하고 싶습니다.
I would like to check the telephone number of the person in charge again.

부장님의 회의 참석 여부를 다시 한번 확인하고 싶습니다.
I would like to check again whether the general manager will attend the meeting.

이메일 내용을 다시 한번 확인하고 싶습니다.
I would like to check the content of the email again.

Dialogue practice

A: 어제 회의 안건을 회사 게시판에 공지했는데 보셨습니까?
Yesterday I notified meeting agenda on the company's notice board, have you seen it?

B: 아니요, 아직 확인을 하지 못했습니다. No, I could not check it yet.

A: 김 과장님의 회의 참석 여부를 다시 한번 확인하고 싶습니다.
I would like to check once again whether manager Kim will attend the meeting.

B: 네, 김 과장님은 회의에 참석하실 겁니다.
Yes, manager Kim will attend the meeting.

I would like to check ~.

One step forward

회사에서 전화 업무를 볼 때면 여러 상황을 마주하게 된다. 예를 들면, 전화가 잘 못 걸려오거나, 회의 중에 전화가 오거나, 전화가 잘 들리지 않을 경우, 그리고 상대방을 기다리게 한 후에 통화하는 경우 등이 있다. 이럴 때는 '전화가 잘못 연결된 것 같습니다', '지금은 회의 중입니다', '20분 후에 다시 연락주십시오', '좀 더 크게 말씀해 주시면 고맙겠습니다', '기다리게 하여 죄송합니다' 등의 표현을 기억하고 있으면 당황하지 않고 전화 업무를 볼 수 있을 것이다.

Different situations (상황) can come up during a business call. For example, a wrong dial, a call during a meeting, bad connection, or having a call after making the other party wait, etc. If you remember (기억하다) the following expressions for such situations you will not be lost (당황하다) during a business call: '전화가 잘못 연결된 것 같습니다' ('It seems you have dialed the wrong number"), '지금은 회의 중입니다' ('I am at the meeting now'), '20분 후에 다시 연락주십시오' ('Please call again after 20 minutes'), '좀 더 크게 말씀해 주시면 고맙겠습니다' ('I would be greatful if you could speak louder'), '기다리게 하여 죄송합니다' ('Sorry for making you wait').

Expression for asking to leave a message

Expression pattern practice

오전 10시부터 회의라고 전해 주시겠습니까?
Could you please pass on a message that the meeting starts from 10 a.m.?

회의 장소는 3층 회의실이라고 전해 주시겠습니까?
Could you please pass on a message that the meeting place is the conference room on the third floor?

참석자가 10명이라고 전해 주시겠습니까?
Could you please pass on a message that there are 10 participants?

다음주 회의 주제는 영업전략이라고 전해 주시겠습니까?
Could you please pass on a message that the topic of the next meeting is sales strategy?

Dialogue practice

A: 김 과장님과 통화할 수 있을까요? May I speak to manager Kim?

B: 지금 사무실에 안 계시는데요. 메시지를 남기시겠습니까?
He is not at the office right now. Would like to leave a message?

A: 네, 오늘 회의 장소는 총무부 회의실이라고 전해 주시겠습니까?
Yes, Could you please pass on a message that today's meeting place is the conference room of the administration department?

Could you please pass on a message that ~?

B: 네, 알겠습니다. 들어오시면 그렇게 전해드리겠습니다.
   Yes, I got it. I will tell him when he comes back.

 One step forward

회사에서 전화 업무를 볼 때 걸려온 전화를 같은 부서원이나 다른 부서원에게 바꾸어 주어야 하는 경우가 있다. 이런 상황에서는 다음과 같은 전화 업무 예절을 알아 두면 도움이 된다. 먼저 전화를 받을 사람이 누구인지 확인해야 한다. 그리고 전화를 연결할 때에는 상대방에게 들리지 않게 송화구를 손으로 막은 다음에 전화를 연결해야 한다. 또는 잠시 정지(hold) 버튼을 누르고 누구에게서 어떤 용건으로 전화가 왔는지 설명한 후에 연결하는 것이 좋다. 그리고 전화 연결이 어려운 경우에는 그 이유를 설명하고 양해를 구하는 것이 좋다. 끝으로 전화를 받을 사람의 직위와 이름을 알려주어야 한다.

There are cases when you need to forward a business call to your co-worker from the same department (부서원) or the other department. It will help if you will remember the following call etiquette (예절). First, check who should receive the call. You should cover up by hand the telephone handset (송화구) so that the other party could not hear how you press the keys to forward the call. Also it is advisable to forward the call after putting a call on hold (정지) and explaining (설명하다) to a person to whom you will forward the call who is calling and what the purpose (용건, literally: business, matter) of the call (용건) is. When it is difficult to forward the call, it is good to explain the reason and apologise (양해를 구하다). Finally, it is important to let the other party know the name and position (직위) of the person to whom you are forwarding the call.

단어(Vocabulary)

5과에서 배운 중요 단어 확인하기(Checking main vocabulary from Unit 5)

Write in English the meaning of the following words.

1. 회의실 _____
2. 영업이익 _____
3. 메시지 _____
4. 공지 _____
5. 참석 여부 _____
6. 안건 _____
7. 담당자 _____
8. 성함 _____
9. 연락처 _____
10. 방금 _____

Match the words with the same meaning

1. leave(a message)   • 외근
2. date and time   • 화
3. process (of the work)   • 용건
4. product   • 일시
5. client   • 정
6. work outside of the office   • 진행 상황
7. brochure   • 거래처
8. schedule   • 제품
9. a talk over a phone   • 설명서
10. purpose / matter   • 남기다

문장(Sentense)

5과에서 배운 중요 문형 표현을 문장으로 쓰고 말하기
(Translate the sentences using expression patterns learned in Unit 5)

Expression patterns

1. I am calling to let you know the schedule.

   _____

2. I am calling to check whether you have received our product brochure.

   _____

3. May I speak to assistant manager Kim?

   _____

4. He/she is not at the desk right now.

   _____

5. What is the call about?

   _____

6. When I can talk to him/her over the phone?

   _____

7. Would you like to leave your contact information?

   _____

8. Could you please repeat what the meeting place is?

   _____

9. Could you please pass on a message that there are 10 participants?

   _____

10. I would like to check once again whether you will participate or not.

    _____

Comprehensive Practice (종합 연습)

Business call

Write a correct expression in brackets

대리: 네, 총무부 김 대리입니다.

과장: 안녕하세요? H회사 영업부 김 과장입니다. 1. (　　　　　　)?

대리: 지금 2. (　　　　　). 3. (＿＿＿＿)?

과장: 네, 영업부 김 과장이 4. (＿＿＿＿)?

　　　제가 내일 오전 10시쯤에 다시 전화드리겠습니다.

대리: 5. (＿＿＿＿)?

과장: 네, 내일 오전 10시에 다시 전화드리겠습니다.

대리: 네, 알겠습니다. 6. (＿＿＿＿).

Keys

1. May I speak to manager Park?

2. He is at work outside the office.

3. Would you like to leave a message?

4. Could you please pass on a message that manager Kim called?

5. Could you please repeat the time?

6. I will tell him/her that.

Unit 06

Email 이메일

● ○ ○

업무 관련 이메일 쓰기
Writing business email

01. ~(으)려고 이메일을 씁니다. / I am writing this email to ~.

02. ~에 대해 문의드립니다. / I would like to ask about ~.

03. ~을/를 보내주십시오. / Please send ~.

04. ~도 참조로 넣겠습니다. / I will put ~ in CC as well.

05. ~을/를 첨부합니다. / I attach ~.

06. ~을/를 ~에게 전달합니다. / I am passing on ~ to ~.

07. ~은/는 다음과 같습니다. / ~ is as follows.

08. ~기를 바랍니다. / I wish you ~.

09. ~부재중에는 ~에게 연락주십시오. / Contact ~ in case I am out.

01 ~(으)려고 이메일을 씁니다.

Explaining the reason of sending an email to a client

 Expression pattern practice

일정을 확인하려고 이메일을 씁니다.
I am writing this email to check the schedule.

발송 날짜를 확인하려고 이메일을 씁니다.
I am writing this email to check the shipping date.

회의 시간을 정하려고 이메일을 씁니다. | I am writing this email to fix meeting time.

부장님께 보고하려고 이메일을 씁니다.
I am writing this email to report to general manager.

 Dialogue practice

A: 다음주 회의 일정을 확인하려고 이메일을 씁니다.
   I am writing an email to check the schedule of the meeting on next week.

B: 그럼, 참석 여부도 같이 확인해 보세요.
   Then please check the attendance as well.

A: 네, 알겠습니다. 회의 일정과 참석자 수를 확인한 후에 바로 연락드리겠습니다.
   Understood. I will contact you right after I check the meeting schedule and
   the number of participants.

B: 그럼, 확인 후에 이메일로 연락주세요.
   Then after you check it, please contact me by mail.

I am writing this email to ~.

 One step forward

회사에서 업무로 이메일을 쓸 때 가장 중요한 것 중의 하나는 이메일 제목을 간결하게 쓰는 것이다. 이메일 제목만 보고도 이메일을 보내는 용건을 알 수 있도록 쓰는 것이 좋다. 따라서 한 눈에 이메일 내용을 알아볼 수 있도록 이메일 제목 앞에 다음과 같이 적는 것이 좋다. 예를 들면, [중요], [긴급], [보고], [협조], [문의], [제안], [회신요망] 등을 써 주면 수신자가 해야 할 일을 알 수가 있다. 앞으로는 이메일 제목을 쓸 때 다음과 같이 간결하게 적는 연습을 하는 것이 필요하다. 제목: '[회신 요망]회의 참석 여부 확인'.

One of the most important things when writing an email at work is making a concise email subject. It is advisable to write an email subject so that it would be possible to understand what the whole email is about only by looking on the subject. Therefore in order to know the content of an email at a glance it is better to write the categorising topics before the subject of an email. For example, if before the subject of an email the following expressions are written, the addressee will know how to follow-up on this email: [중요] ([Important]), [긴급] ([Urgent]), [보고] ([Report]), [협조] ([Cooperation]), [문의] ([Query]), [제안] ([Suggestion]), [회신요망] ([Request for reply]). Next time when writing an email try to use this method as follows: "Subject: [Request for reply] Checking the meeting attendance".

Purpose of writing an email

Expression pattern practice

이메일 수신 여부에 대해 문의드립니다.
I would like to ask about whether you received the email or not.

신상품에 대해 문의드립니다. I would like to ask about a new product.

다음주 제품 전시회에 대해 문의드립니다.
I would like to ask about product exhibition next week.

주문 수량에 대해 문의드립니다. I would like to ask about the order quantity.

출장 일정에 대해 문의드립니다.
I would like to ask about business trip schedule.

Dialogue practice

A: 먼저 이메일로 주문 수량에 대해 문의드렸습니다.
First, I asked about the order quantity through the email.

B: 그럼, 언제쯤 정확한 수량을 알 수 있을까요?
Then when approximately we can know the exact order quantity?

A: 내일 오전까지 회신을 달라고 부탁드렸습니다.
I asked to to send the reply until tomorrow noon.

B: 그럼, 확인한 후에 내일 오전 중으로 연락주세요.
Then after you receive a reply please contact me during tomorrow morning.

I would like to ask about ~.

 One step forward

한국에서는 1997년 5월 7일 '한메일(hanmail)'이라는 무료 인터넷 웹메일 서비스를 시작하면서 이메일 사용이 상용화가 되었다. 이메일의 상용화 역사는 짧지만 현대에 들어서면서 이메일은 회사 업무를 위하여 없어서는 안 되는 중요한 도구가 되었다. 다음과 같은 이메일을 업무 이메일이라고 말할 수 있다. 첫째, 회사 공식 이메일주소로 발송된 이메일, 둘째, 이메일에 받을 수신자와 보내는 발신자가 명시되어 있는 이메일, 셋째, 발신을 한 이메일에 답변(회신)을 한 이메일인 경우에는 공식 업무 메일로 볼 수 있다.

The wide use (상용화) of emails in Korea started with the launch of free of charge web mail service '한메일(hanmail)' on May 7, 1997. Even though the history of using an email is short, it became an important and inherent tool for everyday office work. The following emails can be regarded as business emails: first, emails sent through an official email address of the company; second, email with addressee (수신자) and addressant (발신자) clearly mentioned; third, a reply email (답변/회신) on the previously sent email.

03

~을/를 보내주십시오.

Expression for making a request

 Expression pattern practice

견적서를 보내주십시오. │ Please send a price estimate.

귀하의 이력서를 보내주십시오. │ Please send your curriculum vitae.

제품 목록(카탈로그)을 보내주십시오. │ Please send the product list (catalogue).

부장님의 최종 의견을 보내주십시오. │
Please send the final opinion of the general manager.

 Dialogue practice

A: H회사 모집 공고를 보고 전화드렸습니다. 어떤 서류를 준비해야 합니까? │
   I am calling after seeing the recruit notice of H company. What documents
   should be prepared?

B: 네, 먼저 지원서와 이력서를 보내주십시오. │
   Please send your application and CV first.

A: 자격증도 보내야 하나요? │ Should I send my certificates as well?

B: 네, 스캔하여 이메일로 첨부해서 보내주십시오. │
   Yes, please send scanned version by attaching to the email.

Please send ~.

 One step forward

회사에서 이메일로 업무를 볼 때 업무 관련 자료를 파일로 첨부하게 된다. 회사에서 파일을 보낼 때 확인해야 하는 것들이 있다. 먼저 보내는 파일 용량이 큰 경우에는 파일을 압축하여 용량을 적게 만들어 보내는 것이 좋다. 그리고 보내는 파일의 형태도 고려하는 것이 좋다. 예를 들면, 해외에 있는 한국지사에 파일을 보낼 경우에는 한글 문서로 보내게 되면 읽을 수 없다. 그 이유는 한글 문서를 읽을 수 있는 프로그램이 없는 경우가 많기 때문이다. 따라서 해외에 있는 기업에 파일을 보낼 때는 PDF 파일 형태로 보내거나 상대방에게 미리 확인하고 보내는 것이 좋다.

Usually when communicating by business mails there are lot of cases when there is a need to attach (첨부하다) related ducuments to an email. There are things needed to be checked before sending any file. It is advisable to compress the file if its size (파일 용량) is too big. Also it is good to consider the file type as well. For example, there might be some problems for foreghn branch to read a "Hangul" type file. The reason is in most cases there is no program for viewing "Hangul" type file. Therefore it is advisable to send a file to a foregn company in PDF format (PDF 파일 형태로) or check the aceptable file type with the addressee in advance.

04

~도 참조로 넣겠습니다.

▶▶▶▶▶▶▶▶

Expression used in emails (참조: Carbon Copy, 숨은 참조: Blind carbon copy)

 Expression pattern practice

부장님과 과장님도 **참조로 넣겠습니다.**
I will put general manager and manager in CC as well.

김 대리도 **참조로 넣겠습니다.** I will put assistant manager Kim in CC as well.

부서원도 모두 **참조로 넣겠습니다.**
I will put all department employees in CC as well.

거래처 김 부장님도 **참조로 넣겠습니다.**
I will put general manager Kim from the client company in CC as well.

 Dialogue practice

A: 내일부터 러시아로 출장을 갈 겁니다.
Tomorrow I am going on a business trip to Russia.

B: 출장 중에 이메일 확인이 가능하신가요?
Will you be able to check emails during the business trip?

A: 이메일 확인이 어려울 겁니다. 이메일을 보낼 때 김 대리를 참조로 넣어주세요.
그럼, 김 대리가 대신 회신을 할 겁니다.
Checking emails will be difficult. When sending an email please put assistant manager Kim in CC. He will reply instead.

B: 네, 김 대리도 참조로 넣겠습니다.
Then I will put assistant manager Kim in CC as well.

I will put ~ in CC as well.

 One step forward

회사 업무로 이메일을 쓰거나 문서를 작성할 때, 자주 사용하는 표현이 '참고(參考, Reference)하세요', '참조(參照, Reference)하세요'이다. 두 표현은 의미가 다르게 사용되기 때문에 바르게 이해하는 것은 필요하다. 일반적으로 이메일을 쓸 때는 '아래와 같이 참조하시기 바랍니다', '자료를 송부하니 참조하십시오' 등으로 '참조'를 사용하는 경우가 있다. 이 표현은 잘못 사용한 표현이다. '참조'는비교하여 대조해 본다는 뜻으로 '첨부 문서 참조', '관련 기사 참조', '부록 참조' 등의 의미로 '참조'를 사용해야 한다. '참고'는 살펴서 생각하십시오라는 뜻이다. 그러므로 이메일을 쓸 때는 '참조하시기 바랍니다'가 아니고, '참고하시기 바랍니다' 또는 '아래와 같이 참고하시기 바랍니다'라고 쓰는 것이 맞는 표현이다.

One of the frequently used expressions in business emails or in official documents are '참고(參考, Reference)하세요' and '참조(參照, Reference)하세요'. It is important to correctly understand the two expressions because they are used differently. The expression '참조(參照, Reference)' is frequently used in emails as follows: '아래와 같이 참조하시기 바랍니다' ('Please refer to the information below'), '자료를 송부하니 참조하십시오' ('Please refer to the document attached'). However these usages are wrong. '참조' should be used in a meaning of refering to other information for comparison purposes: '첨부 문서 참조' ('see the attached document'), '관련 기사 참조' ('see the related article'), '부록 참조' ('see the appendix'). '참고' should be used in a meaning of looking through and giving a thought, therefore when writing an email it is right to use '참고하시기 바랍니다' or '아래와 같이 참고하시기 바랍니다', not '참조하시기 바랍니다'.

Expression used when sending a related material with an email

Expression pattern practice

제품 목록을 **첨부합니다.** | I attach the product list.

오늘 회의록을 **첨부합니다.** | I attach today's meeting minutes.

부장님 일정을 **첨부합니다.** | I attach general manager's schedule.

부서 계획서를 **첨부합니다.** | I attach the department's business plan.

Dialogue practice

A: 오늘 회의 내용을 부서원에게 알리세요. |
   Please share today's meeting details to the department coworkers.

B: 네, 알겠습니다. 이메일로 알리겠습니다. |
   Understood. I will circulate details by mail.

A: 회의록도 꼭 첨부하세요. | Please make sure to attach the meeting minutes.

B: 네, 이메일에 오늘 회의록을 첨부하겠습니다. |
   Yes, I will attach to the email today's meeting minutes.

I attach ~.

 One step forward

이메일에서 숨은참조(Bcc: behind/blind carbon copy)는 보내는 사람이 받는 사람에게는 비밀로 하고 다른 누군가에게 메시지의 내용을 알리고 싶을 때 사용게 된다. 보통 사람들이 숨은참조 기능을 필요없는 기능이라 생각하고 거의 사용하지 않지만 필요한 경우도 있다. 예를 들면, 부서원들의 개인 정보가 회사 전체로 노출될 경우에는 큰 문제가 발생할 수 있기 때문이다. 따라서 다른 부서원들이 서로 알지 못하는 경우, 또는 개인의 이메일주소 정보를 보호하기 위하여 전체 공지를 할 때 숨은참조로 보내는 것이 좋다.

Behind/blind carbon copy (Bcc, 숨은참조) is used when the sender wants to send the message content to several people but wants to keep the recipients in secret (비밀로). Usually people think that there is no point in Bcc function (기능) and do not use it, but it might be quite handy. For example, a big problem can occur (발생하다) because of disclosure (노출) of the employees' personal information. Therefore, in order to protect (보호하다) personal email addresses or when employees do not know each other, it is good to use Bcc function when circulating emails.

Expression used when passing on details through email to other employees

 Expression pattern practice

이메일을 프로젝트 담당자에게 전달합니다.
I am passing on the email to person in charge of the project.

회의 내용을 동료들에게 전달합니다.
I am passing on meeting content to coworkers.

회의 안건을 부장님에게 전달합니다.
I am passing on meeting agenda to general manager.

팀장님이 회사 공지를 부서원에게 전달합니다.
Head of the team is passing on company's notice to the department's employees.

 Dialogue practice

가: 아직 영업부 김 과장님에게 회신을 못 받았습니다.
　　I haven't received a reply from manager Kim from sales department yet.

나: 김 과장님은 러시아 출장 중이어서 회신이 어려울 겁니다. 저에게 말씀하세요.
　　Manager Kim is on the business trip to Russia, so it is difficult for him to reply.
　　Please talk to me.

가: 다음달까지 H회사 주문 수량을 확인해 주시길 바랍니다.
　　I kindly ask you to check the order amount of H company until the next month.

I am passing on ~ to ~.

나: 네, 말씀하신 내용을 김 과장님에게 전달하겠습니다.
I will pass on your request to manager Kim.

 One step forward

회사에서 업무를 보면서 내용을 전달하기 위하여 이메일, 전화, 메신저 등을 주로 사용하고, 직접 보고와 같이 구두로 전달하는 방법도 있다. 중요도가 높지 않을 경우에는 이메일이나 메신저를 사용하여 내용을 전달하게 된다. 하지만 중요도가 높을 경우에는 전화를 하거나 직접 만나서 내용을 전달하게 된다. 그렇지만 내용을 전달 받을 사람이 자리에 없는 경우에는 중요도가 높아도 이메일로 업무를 전달해야 하는 경우도 있다. 따라서 회사 내에서는 상황에 맞는 전달 방법으로 중요한 업무 내용을 전달하는 것이 필요하다.

Different kind of content and details related to work can be shared in different kinds of ways: email, phone talk, messenger, or face-to face report (구두로 전달하다, literally: deliver orally). Usually the content that is not important can be shared via email or messenger. On the other hand, the details of a high importance are delivered through a phone talk or direct meeting. However there are times when a person who should receive the information is not at his/her desk, in this case important information is transfered through emails.

Expression for telling precise details

Expression pattern practice

다음 달 회의 일정은 다음과 같습니다.
Next month meeting schedule is as follows.

담당자 연락처는 다음과 같습니다.
The contact information of the person in charge is as follows.

오늘 회의 안건은 다음과 같습니다.
The agenda of today's meeting is as follows.

저희 회사 영업이익은 다음과 같습니다.
Operating income of our company is as follows.

Dialogue practice

A: 고객 센터 연락처는 어떻게 되나요?
What is the phone number of customer center?

B: 회사 홈페이지 아래를 보면 확인할 수 있습니다. 연락처는 다음과 같습니다.
+ 82 888 888 8282입니다. You can find it at the bottom of the company's homepage.
The number is as follows: + 82 888 888 8282.

A: 네, 알겠습니다. 안내 고맙습니다.
Understood. Thank you for your guidance.

B: 더 필요하신 내용이 있습니까? | Is there something else I can help you with?

A: 아니요, 없습니다. | No, there is not.

 One step forward

업무 이메일을 쓴 후에는 서명을 붙이는 것이 중요하다. 그 이유는 상대방에게 신뢰를 줄 수 있기 때문이다. 일반적으로 서명에는 이름, 직책, 부서, 회사, 주소, 이메일 주소, 연락처(전화번호, 팩스번호) 등을 적는다. 이메일에 서명을 자동적으로 사용할 수 있도록 저장해 두는 것도 좋은 방법이다. 하지만 거래처 담당자에게 여러 번 답장 이메일을 보낼 때에는 두번째로 보내는 이메일부터는 서명을 붙이지 않는 것이 좋다. 서명은 이메일에서 작은 부분이라고 생각할 수도 있지만 상대방에게 본인을 알리는 중요한 부분이다.

After you write an email, it is important to include your signature (서명). The reason is that it can make the recipient trust (신뢰) in the email. Typically, name, position, department, company's name, address, email address, and contact information (phone number, fax) are included in a signature. It is also good to save a signature for automatic use. However in a continuous communication with a person in charge of a client (거래처 담당자) it is advisable not to put signature starting from the second email. One can think that signature is just a small section of an email; however it is important part which informs the recipient of who you are.

Expression for telling you wishes

 Expression pattern practice

휴가 잘 보내시기를 바랍니다. | I wish you to have a nice weekend.

새로운 한 주를 즐겁게 맞이하시기를 바랍니다. |
I wish you to start happily a new week.

모든 일이 잘 되길(되시기를) 바랍니다. | I hope everything goes as planned.

건승하시기를 바랍니다. | I wish you good health.

 Dialogue practice

A: 김 과장님이 인사부에서 영업부로 이동하셨습니다. |
　　Manager Kim has moved from HR to sales department.

B: 아, 그래서 김 과장님에게 '건승하세요'라고 인사를 했군요. |
　　Oh, that is why you said to him: "Be healthy."

A: 네, 하지만 '건승하세요'는 틀린 표현이라고 합니다. '건승하시길 바랍니다'가 맞
　　는 표현이라는군요. |
　　Yes, but they say that "Be healthy" is a wrong expression. The right tone is "I
　　wish you good health."

B: 네, 앞으로는 '건승하시길 바랍니다'라고 말해야겠네요. |
　　I see, next time I also need to be careful and use "I wish you good health."

I wish you ~.

회사에서 부서원이 다른 부서로 이동을 하거나 회사를 옮길 경우에 자주 사용하는 표현이 있다. '건승하세요'라는 표현이다. 사전에 있는 건승의 의미는 '탈 없이 건강하다'이다. 건강하다거나 튼튼하다는 뜻의 '건'(健)과 이기다 혹은 견디다는 뜻의 '승'(勝)이 결합한 한자어다. 하지만 형용사이기 때문에 '건승하세요'는 잘못된 표현이다. 바른 표현은 '건승하시기 바랍니다', '건승하시기를 기원합니다' 등으로 사용해야 한다. 다음부터 이메일 끝 인사로 건승을 사용할 때는 '앞으로 건승하시기를 바랍니다'라고 사용하는 것이 맞는 표현이다.

There is a expression which is used quite often when one of the employees moves to another department or other company: '건승하세요' ('Be healthy'). The meaning of '건승' in a dictionary is being healthy and not having any incidents. It is a word derived from two Chinese characters: '건'(健) which means healthy and strong and '승'(勝) which means to win or endure. However, since it is an adjective, the expression '건승하세요' ('Be healthy') is wrong. The right one is '건승하시기 바랍니다' ('I wish you good health.') or '건승하시기를 기원합니다' ('I pray for you to be healthy.'). Therefore if next time you will need to use this expression as an email closing, it is right to put '앞으로 건승하시기를 바랍니다' ('I wish you good health.').

부재중에는 ~에게 연락주십시오.

▶▶▶▶▶▶▶▶

Expression to inform who will fill in for.

Expression pattern practice

저의 부재중에는 김 주임에게 연락주십시오.
Contact senior associate Kim in case I am out.

저의 부재중에는 부서 담당자에게 연락주십시오.
Contact department's person in charge in case I am out.

저의 부재중에는 제 비서에게 연락주십시오.
Contact my secretary in case I am out.

저의 부재중에는 부서원 모두에게 연락주십시오.
Contact all employees of our department in case I am out.

Dialogue practice

A: 다음주 월요일부터 출장이 잡혀 있습니다.
I have a business trip from Monday next week.

B: 중요한 일이 있으면 어떻게 연락을 드려야 하나요?
If there will be an important issue how should I contact?

A: 저의 부재중에는 함께 프로젝트를 진행하는 김 대리에게 연락주십시오.
In case I am out, contact assistant manager Kim, who works on the project together.

B: 네, 알겠습니다. Yes, understood.

Contact ~ in case I am out.

'지금 회의 중입니다.'에서 '중'은 띄어 쓰는 것이 맞다. 한 단어가 아니고 앞 말과 띄워써야하는 의존명사이기 때문이다. 그러면 '부재 중'과 '부재중' 중에서는 어떤 띄워쓰기가 맞을까? 먼저 답을 이야기하면 '부재중(不在中, be out of office)'이 맞는 띄어쓰기이다. 부재중은 한 단어로 집이나 직장 등 특정 장소에 있지 않다는 것을 의미한다. 따라서 부재중으로 붙여쓰는 것이 맞다. 몇 가지 예를 들면, '근무 중입니다', '출장 중입니다', '외근 중입니다'와 '한밤중, 병중, 무의식중' 등으로 말할 수 있다.

In the expression '지금 회의 중입니다.' ('I am at the meeting now') it is right to write '중' leaving a space, because it is not a part of a previous word but a dependent noun which should be written leaving a space. Therefore the question arise: which spelling '부재 중' or '부재중' is correct? The correct answer is: '부재중 (不在中, be out of office)'. '부재중' as a one word means not being at home or office or some other place etc. Therefore it is correct to right to write it in one word without a space. Here are several examples: '근무 중입니다' ('I am on duty/ working'), '출장 중입니다' ('I am on a business trip') , '외근 중입니다' ('I am working outside the office') and '한밤중' (the middle of the night'), '병중' ('during illness'), '무의식 중' ('being unconscious').

단어(Vocabulary)

6과에서 배운 중요 단어 확인하기(Checking main vocabulary from Unit 6)

Write in English the meaning of the following words.

1. 발송 _____
2. 보고 _____
3. 수신 _____
4. 수량 _____
5. 신상품 _____
6. 전시회 _____
7. 회신 _____
8. 견적서 _____
9. 지원서 _____
10. 이력서 _____

Match the words with the same meaning

1. reference	• 참조
2. employees of a department	• 첨부
3. secretary	• 회의록
4. attachment	• 부서원
5. to contact	• 고객센터
6. be healthy	• 부재 중
7. to move	• 비서
8. being out (of office)	• 연락하다
9. customer center	• 건승하다
10. meeting minutes	• 이동하다

문장(Sentense)

6과에서 배운 중요 문형 표현을 문장으로 쓰고 말하기
(Translate the sentences using expression patterns learned in Unit 6)

Expression patterns

1. I am writing an email to check the schedule.

   _____

2. I will contact you right after I check it.

   _____

3. I would like to ask whether you have received the email.

   _____

4. I will contact you again tomorrow morning.

   _____

5. What documents should I prepare?

   _____

6. Please send your application and CV.

   _____

7. Please put assistant manager Kim in CC when you send an email.

   _____

8. I attach product list.

   _____

9. The contact information is as follows.

   _____

10. Contact my secretary in case I am out.

   _____

Business email

Write a correct expression in brackets

대리: H회사 주문 수량을 확인했어요?

신입사원: 아직 확인을 못했습니다. 지난주에 1. (_____).

대리: 그럼, 다시 확인해 보세요. 그리고 2. (_____).

신입사원: 네, 알겠습니다.

(확인 후)

대리: 어떻게 되었습니까?

신입사원: 네, 3. (_____).

대리: 그럼, 이메일로 4. (_____).

신입사원: 네, 알겠습니다.

Keys

1. I sent an email but there was no reply.

2. Put me in CC when you send an email.

3. Person in charge is out, so manager Kim replied.

4. Send me the reply of manager Kim.

Unit 07
Business report and get approval
업무 보고와 결재 받기

● ○ ○ ○

보고서 보고와 결재 요청하기
Making a report and asking for authorization

01. ~은/는 잘 진행되고 있습니까? / Is ~ going well?

02. ~까지 ~을/를 마무리하겠습니다. / I will finish ~ until ~.

03. ~늦어도 ~까지 제출하겠습니다. / I will submit no later than ~.

04. ~에 관한 보고서 결재 부탁드립니다. / Please give authorization on a report about ~.

05. ~을/를 다시 한번 확인하겠습니다. / I will check ~ once again.

Expression for checking the progress of work

Expression pattern practice

FDA(식품 및 의약품 관리) 승인 준비는 잘 진행되고 있습니까?
Is preparation for FDA (Food and Drug Administration) approval going well?

ISO 9001(국제표준기구) 인증은 잘 진행되고 있습니까?
Is issuance of ISO 9001(International Standard) certificate going well?

그 프로젝트는 잘 진행되고 있습니까? | Is that project going well?

제품 발송은 잘 진행되고 있습니까? | Is product shipment going well?

보고서는 잘 진행되고 있습니까? | Is preparation of the report going well?

Dialogue practice

A: 모니카, 다음주까지 ISO 9001 인증을 받아야 합니다. 인증 준비는 잘 진행되고
있습니까?
Monica, we need to receive ISO 9001 certificate until next week.
Is preparation for certificate issuance going well?

B: 네, 김 과장님하고 최종 절차를 확인하고 있습니다.
이번주까지는 끝낼 수 있을 겁니다.
Yes, I and manager Kim are checking the final procedure.
We can finish until the end of this week.

A: 혹시 도움이 필요하면 총무부에 연락하세요.
If you need any help contact administration department.

B: 네, 확인이 늦어지면 바로 연락하겠습니다.
    Yes, if we will be behind the schedule we will contact them.

One step forward

'부장님에게 결재를 맡았다', '부장님이 카드대금을 결제했다'에서 결재와 결제는
다른 의미의 단어이다. 직장인들이 이 두 단어를 잘못 사용하여 실수를 하는 경우
가 있다. 결재(決裁, approval)는 업무의 담당자에게 직원이 제출한 안건에 대하여
승인이나 허가를 받는 것을 말한다. 예를 들면, '결재를 받다', '결재하다', '결재가
되다', '결재가 나다' 등의 표현을 사용한다. 결제(決濟, payment)는 돈을 주고 거래
관계를 마치는 것을 의미한다. 예를 들면, '카드 결제를 하다', '대금 결제를 하다'
등의 표현으로 사용한다.

Two words '결재' and '결제' have different meaning as in expressions '부장
님에게 결재를 맡았다' ('I asked general manager for authorization'), '부장님이 카
드대금을 결제했다' ('general manager made a payment by card'). Office workers
often do not use these two words correctly and make mistakes. '결재(決裁,
approval / authorization)' means getting approval or authorization from a senior
or management on a certain issue submitted by an employee. Here are some
examples: '결재를 받다' ('receive approval'), '결재하다' ('to approve / authorize'), '결
재가 되다' ('to become approved / authorized'), '결재가 나다' ('approval / authorization
is issued'). '결제(決濟, payment)' means finishing transaction by paying money.
For example: '카드 결제를 하다' ('make payment by card'), '대금 결제를 하다' ('make
payment (of price)').

02 ~까지 ~을/를 마무리하겠습니다.

Expression for telling that one will finish its work before the deadline

 Expression pattern practice

다음주 월요일까지 보고서를 마무리하겠습니다.
I will finish the report until Monday next week.

다음주 화요일까지 제품 발송을 위한 준비를 마무리하겠습니다.
I will finish product shipping preparation until Tuesday next week.

이번주까지 회의 준비를 마무리하겠습니다.
I will finish preparation for the meeting until the end of this week.

10월 9일까지 프로젝트를 마무리하겠습니다.
I will finish the project until October 9.

 Dialogue practice

A: 미샤, 언제까지 보고서를 제출할 수 있습니까?
Masha, when can you submit the report?

B: 네, 늦어도 이번주 목요일까지 보고서를 마무리하겠습니다.
I will finish the report no later than Thursday this week.

A: 먼저 검토를 하고 김 부장님께 결재를 받기 전에 함께 다시 한번 검토해 봅시다.
First you need to check it. Before getting authorization from general manager Kim let's check the report together.

B: 네, 되도록 빨리 마치고 말씀드리겠습니다.
Yes, I will finish and let you know as soon as possible.

 One step forward

회사 업무를 보면서 상사에게 중간 결과를 보고하거나 회의 후에 정보를 공유하기 위하여 보고서를 쓰게 된다. 보고서 결재를 받기 위해서는 업무 사안의 중요도에 따라서 부서장이나 임원에게 결재를 받아야 한다. 결재를 다른 용어로 '품의(稟議)'라고도 사용한다. 품의의 사전적 의미는 '윗사람이나 상사에게 여쭙고 의논한다'는 뜻이다. 따라서 품의 준비는 결재를 받기 위하여 보고서를 준비하는 것을 말한다. 그리고 보고서 끝에 자주 사용하는 '~검토 후에 재가(裁可) 바랍니다'에서 재가는 결재와 같은 의미로 자주 사용하는 표현이다. 그러므로 '~검토 후에 결재 바랍니다'라고도 사용할 수 있다.

Sometimes one has to write a report for sharing information after a meeting or have to make a report on intermediate results to its senior. Depending on the importance of the issue, there might be a need to receive authorization on the report from the head of the department or management. The other word for '결재' (authorization) is '품의(稟議)'. The dictionary meaning of of '품의' is 'asking and consultating (여쭙고 의논하다) with a senior'. Therefore '품의' preparation means preparation of the report for getting authorization. And there is a expression often used at the end of such report: '~검토 후에 재가(裁可) 바랍니다' ('Please give authorization after you review the report'), in which '재가' and '결재' has the same meaning. So it is also possible to write: '~검토 후에 결재 바랍니다'.

03 늦어도 ~까지 제출하겠습니다.

▶▶▶▶▶▶▶▶

Expression for telling that one will submit a document before the deadline

 Expression pattern practice

늦어도 내일까지 제출하겠습니다. | I will submit no later than tomorrow.

늦어도 오후까지 제출하겠습니다. | I will submit no later than today's afternoon.

늦어도 다음달까지 제출하겠습니다. |
I will submit no later than the end of next month.

늦어도 이번달 말까지 제출하겠습니다. |
I will submit no later than the end of this month.

 Dialogue practice

A: 거래처 제품 목록은 어떻게 되어가고 있습니까? |
How is it going with products list for the client?

B: 네, 보고 시간을 맞추기 위해서 최선을 다하고 있습니다. 늦어도 내일 아침까지
는 제출하겠습니다. |
I am doing my best to keep up with the report deadline.
I will submit no later than tomorrow morning.

A: 서둘러 주세요. 그래야 오후에 결재를 받을 수 있습니다. |
Please hurry up. We can get authorization in the afternoon only if the report
will be submitted in the morning.

B: 네, 알겠습니다. | Yes, I understood.

I will submit no later than ~.

 One step forward

한국 회사에서 결재를 받을 때 자주 사용하는 용어는 기안(起案)과 상신(上申)이다. 최근에는 한국기업에서 전자결재 시스템으로 결재를 하는 경우가 늘고 있는데 결재문서 상신이라는 용어를 쉽게 볼 수 있다. 일반적으로 결재자에게 결재문서 정보가 포함된 알림 이메일을 다음과 같이 보내진다. '[결재 상신] 결재가 요청 되었습니다'. 상신의 사전적 의미는 윗사람에게 일에 대한 의견이나 내용을 말이나 글로 보고하는 것을 의미하고 기안의 사전적 의미는 업무를 위하여 세운 계획을 문서로 만드는 일을 의미한다.

When getting authorization there are words that are used quite often like: 기안 (起案) and 상신(上申). These days in Korean companies authorization is more often received through electronic system and one can easily encounter the term '결재문서 상신' ('Authorization report'). Usually a person who authorizes receives a notifying email which includes (포함하다) a request for authorization in the following way: '[결재 상신] 결재가 요청 되었습니다' ('[Authorization report] Authorization is requested'). Dictionary meaning of '상신' is a written or oral report to a senior about the content or an opinion on an issue, and dictionary meaning of '기안' is making a document containing a work realization plan.

Authorization request

Expression pattern practice

주문 확인에 **관한 보고서 결재를 부탁드립니다.**
Please give authorization on a report about order confirmation.

상품에 **관한 보고서 결재 부탁드립니다.**
Please give authorization on a report about the product.

특별수당에 **관한 결재 부탁드립니다.**
Please give authorization on a report about special allowance.

프로젝트 승인에 **관한 보고서 결재 부탁드립니다.**
Please give authorization on a report about project approval.

Dialogue practice

A: 김 과장님, 보고서 여기 있습니다. │ Manager Kim, here is the report.

B: 30번과 40번 상품 500개 주문이 맞습니까? │
The order quantity for 30th and 40th product is 500 items, is it correct?

A: 네, 여러번 확인했습니다. 주문 확인에 관한 보고서 결재를 부탁드리겠습니다. │
Yes, I have checked several times. Please give authorization on a report about order confirmation.

B: 알겠습니다. 내일 오전까지 확인한 후에 결재하겠습니다. │
Understood. I will check and give authorization until tomorrow noon.

Please give authorization on a report about ~.

 One step forward

부서장의 결재를 받을 때는 상황을 잘 고려하는 것이 중요하다. 보고서의 내용이 잘 정리가 되어 있어도 결재를 못 받는 경우가 있다. 여기서 말하는 상황은 다음과 같다. 첫째, 결재를 받아야 하는 결재자가 몸 상태가 안 좋거나 스트레스를 많이 받은 상황일 경우에는 결재를 다음에 받는 것이 좋다. 둘째, 본인의 결재 서류 외에도 다른 결재 서류가 많이 밀려 있으면 다음에 결재를 받는 것이 좋다. 셋째, 결재를 받아야 할 결재자가 여러 명일 경우에는 최종 의사결정권자의 의견이 반영되도록 결재 서류를 준비하는 것이 좋다. 이러한 상황을 미리 알고 결재 받을 준비를 하게 되면 결재를 받는 데에 도움이 될 것이다.

It is important to consider some situations when asking authorization from the head of the department. There are times when the authorization is not given even though authorization report is written well. The situations that should be considered are as follows. First, it is better to ask for authorization later if the person who gives authorization receives a lot of stress or his/her health condition is not good. Second, it is better to ask for authorization later if there are a lot of other authorization requests that are pending. Third, when there are several people who should give authorization, it is better to prepare authorization report reflecting the opinion of the person who has final decision-making right (최종 의사결정권자). Consideration of the above situations in advance will help in getting authorization.

Expression for re-checking information

Expression pattern practice

밑줄 친 부분을 다시 한번 확인하겠습니다.
I will check the underline part once again.

틀린 부분을 다시 한번 확인하겠습니다.
I will check the wrong part once again.

일정을 다시 한번 확인하겠습니다.   I will check the schedule once again.

마감일을 다시 한번 확인하겠습니다.   I will check the deadline once again.

Dialogue practice

가: 보고서에서 다시 확인해야 할 내용에 밑줄을 그었습니다. 잘 확인해 보세요.
   I underlined the parts in the report that should be rechecked. Please check
   thoroughly.

나: 네, 밑줄 친 부분을 다시 한번 확인하겠습니다.
   I will check the underline parts once again.

가: 그리고 이해가 안 되거나 질문이 있으면 언제든지 물어보세요.
   If you haven't understoon anything or have any questions please ask me
   anytime.

나: 네, 알겠습니다. 질문이 있으면 바로 물어보겠습니다.
   Yes, understood. If I will have questions I will ask right away.

One step forward

해외법인 한국기업에 근무하는 한국 사람들(주재원)과 현지에서 채용된 현지 사람들 사이에서 가장 크게 나타나는 차이점은 업무 문화이다. 주재원의 경우에는 한국 기업의 조직 문화에 익숙하지만 현지 직원들은 개인주의 성향이 강하고 한국 기업의 조직문화를 이해하지 못한다. H회사의 임원이 해외 법인 회사를 방문하여 현지 직원들에게 한 말을 예로 들면 다음과 같다. '사람이 재산이며 다음으로 중요한 것이 안전이다.' 개인주의 문화가 강한 환경에서 자란 현지 직원들에게 안전보다 회사 직원이 중요하다는 말은 이상하게 들린 수도 있지만 이 말은 한국 기업의 조직 문화를 어느정도는 이해할 수 있는 의미의 말이다.

The biggest difference between the Korean employees who work in overseas affiliate companies, expatriates (주재원), and local employees is working culture. Korean expatriates are used to Korean working culture, but for local employees who usually have strong individualistic character (성향) it is difficult to understand corporate culture of a Korean company. For example, one high-ranking manager from H automobile company when visiting one of the overseas affiliate companies said to local employees: 'Person is an asset (재산) and the safety (안전) is the next important thing.' For local employees who were raised in a strongly individualistic culture these words might mean that company's employees are more important than safety, however these are the words that can help understand Korean corporate culture to some extend.

단어(Vocabulary)

7과에서 배운 중요 단어 확인하기(Checking main vocabulary from Unit 7)

Write in English the meaning of the following words.

1. 식품 _____
2. 의약품 _____
3. 승인 _____
4. 인증 _____
5. 절차 _____
6. 마무리 _____
7. 결재 _____
8. 제출 _____
9. 수당 _____
10. 마감일 _____

Match the words with the same meaning

1. no later than   • 밑줄
2. special   • 질문
3. mistake   • 언제든지
4. advantage/plus/pros   • 특별
5. anytime   • 장점
6. wrong   • 실수
7. (do one's) best   • 틀리다
8. check / confirm   • 확인
9. underline   • 최선
10. question   • 늦어도

7과에서 배운 중요 문형 표현을 문장으로 쓰고 말하기
(Translate the sentences using expression patterns learned in Unit 7)

Expression patterns

1. Is the report preparation going well?

_____

2. Is preparation for certificate issuance going well?

_____

3. I will be able to finish until the end of this week.

_____

4. I will finish the report until Monday next week.

_____

5. Submit it no later than the afternoon.

_____

6. I kindly ask to give authorization on order confirmation.

_____

7. I will check the schedule once again.

_____

8. Please ask me whenever you did not understand something or have any question.

_____

9. I will check the deadline once again.

_____

10. I will contact you right after I check it.

_____

Comprehensive Practice (종합 연습)

Checking the progress of report preparation

Write a correct expression in brackets

대리: 김 과장님이 지시하신 1. (_____)?

신입사원: 네, 제품 목록만 작성하면 됩니다.

대리: 2. (_____). 내일 아침에 결재를 받아야 합니다.

신입사원: 네, 3. (_____).

대리: 목록 작성 후에 4. (_____).

신입사원: 네, 수량을 다시 한번 확인하겠습니다.

대리: 그럼, 부탁할게요.

Keys

1. Is the report preparation going well?

2. Submit it no later than the afternoon.

3. I will finish no later than the afternoon.

4. Please check once again the quantity as well.

Unit 08
Meeting preparation
회의 준비

● ○ ○ ○

회의를 준비하고 회의 일정 정하기
Meeting preparation and scheduling

01. ~(으)려고 오늘 모였습니다. / Today we have gathered to ~.

02. ~할 안건이 ~ 개 있습니다. / We have ~ issues on our agenda to ~.

03. ~까지 회의를 마칠 예정입니다. / We will finish the meeting until ~.

04. ~에 대해 어떻게 생각하십니까? / What do you think about ~?

05. ~기 전에 ~이/가 있습니까? / Is there ~ before ~?

06. ~은/는 ~에 있을 겁니다. / ~ will be ~.

Expression for telling the meeting purpose

Expression pattern practice

판매 계획을 논의하려고 오늘 모였습니다.
Today we have gathered to discuss sales plan.

이 안건을 논의하려고 오늘 모였습니다.
Today we have gathered to discuss this agenda.

올해 예산에 대해 이야기하려고 오늘 모였습니다.
Today we have gathered to talk about budget for this year.

그 계약 건을 이야기하려고 오늘 모였습니다.
Today we have gathered to talk about this contract.

Dialogue practice

A: 김 주임, 회의를 시작하세요. │ Senior Associate Kim, please start the meeting.

B: 그럼, 회의를 시작하겠습니다. 오늘은 전반기 판매 계획을 논의하려고 모였습니다. │ Let's start the meeting. Today we have gathered to discuss first half-year sales plan.

A: 먼저 오늘 회의 주제에 대한 요약본이 있습니다. 모두 봐 주시기 바랍니다. │ First, I would like everybody to take a look on summary of of today's meeting topic.

B: 그럼, 이어서 이야기를 하겠습니다. │ Then I will continue [to talk].

One step forward

부서에서 회의를 잘 준비하기 위해서는 다음과 같은 순서를 고려해서 준비해야 한다. 먼저 일주일 전에 회의 참석자들에게 회의 일정을 알리는 것이 중요하다. 그리고 회의 참석자와 연락이 안 될 경우에는 이메일로 일시, 장소, 참가자 명단, 회의 주제를 적은 회의 통지서를 발송한 후에 수신 여부를 반드시 확인해야 한다. 회의실 입구에는 미리 좌석배치도를 붙여 놓고 의자도 회의 인원보다 여유있게 3~4개 정도 더 준비해 놓는 것이 좋다. 다음으로 컴퓨터, 빔 프로젝터, 마이크, 음향 시설 등을 확인하는 것이 좋다. 회의 자료와 함께 줄 볼펜과 메모지도 같이 준비하면 좋다. 이와 같이 회의를 준비한다면 부서의 회의가 보다 원활하게 진행될 수 있을 것이다.

Meeting preparation in the department should follow the below steps. First, it is important to let the participants know about the meeting schedule a week before. In case it is difficult to contact the meeting participants directly, meeting notification(회의 통지서) should be sent via email with details on date and time(일시), place(장소), participants list(참가자 명단), meeting topic(회의 주제), after that it is important to check whether the email was received(수신 여부). It would be good to pin up in advance a seat plan at the entrance to the meeting room and prepare extra 3~4 chairs just in case. After that it is important to check the proper work of meeting room equipment like computer, beam projector, microphone, and other sound equipment. The basic of meeting preparation is to provide paper and pens for notes together with meeting materials. If a meeting is prepared in a manner described above, it will go along smoothly.

Expression for explaining meeting agenda

Expression pattern practice

오늘 이야기할 안건이 두 개 있습니다.
We have two issues on our agenda to talk about.

오늘 설명할 안건이 세 개 있습니다.
We have three issues on our agenda to explain.

오늘 같이 논의할 안건이 두 개 있습니다.
We have two issues on our agenda to discuss together.

오늘 제시할 안건이 세 개 있습니다.
We have three issues on our agenda to be presented.

Dialogue practice

A: 오늘 회의에서 논의할 내용은 무엇인가요?
   What we will discuss about on today's meeting?

B: 네, 오늘 같이 논의할 안건이 두 개 있습니다. 먼저, 제품 판매 전략에 대하여 논
   의하고, 다음으로 프로젝트 진행 상황에 대하여 논의할 겁니다.
   We have two issues on our agenda to discuss together.
   First, we will discuss product sales strategy and then about project progress
   and status.

A: 지금 진행 중인 프로젝트를 먼저 논의하는 것이 어떨까요?
   What about discussing on-going projects first right now?

We have ~ issues on our agenda to ~.

B: 여러분이 동의하시면 그렇게 하겠습니다.
   If everybody agrees, I will do that way.

 One step forward

부서에서 회의를 준비할 때 부수적으로 준비해야 하는 것이 다과(茶菓, tea and sweets, refreshments)이다. 특히, 중요한 분과 함께하는 회의에서는 다과를 준비하는 데 신경을 더 써야 한다. 먼저 다과는 회의 중에 소리 때문에 방해가 되지 않도록 소리가 적게 나는 것으로 준비하는 것이 좋다. 과일의 경우에는 부피가 크지 않은 것이 좋다. 그리고 무거운 주제의 회의에는 자극적이지 않은 차와 부드러운 과자를 준비하는 것이 좋고, 가벼운 회의나 아이디어를 생각해야 하는 회의에는 자극적인 음료를 준비하는 것도 때로는 필요하다.

One thing that should be prepared before a meeting in a conservative way (read: in big amount) is tea and sweets or refreshments (다과, 茶菓). Especially it is important to take care of it more (신경을 더 써야 한다) on a meeting with an important person. It would be good to prepare tea and sweets so that people would not have to make much nose opening them, otherwise it would cause interruption to the meeting. In case of fruits, it is better to choose ones that are small in size. If a meeting topic is heavy (무거운 주제) it is good to prepare mild tea and soft cookies, if a meeting is about just sharing ideas in a light athmosphere (가벼운 회의, literally: light meeting), it is beeter to prepare some stimulating drink (ex. coffee).

Expression for telling when the meeting will finish

Expression pattern practice

오전 11시 30분까지 **회의를 마칠 예정입니다.**
We will finish the meeting until 11:30 a. m.

점심 시간 전까지 **회의를 마칠 예정입니다.**
We will finish the meeting before lunch time.

12시 전까지는 **회의를 마칠 예정입니다.**
We will finish themeeting before 12 o'clock.

퇴근 시간 전까지는 **회의를 마칠 예정입니다.**
We will finish the meeting before the time to go home.

Dialogue practice

A: 회의가 언제쯤 끝날까요? | When the meeting will be finished?

B: 늦어도 점심 시간 전까지 마칠 예정입니다. |
It will be finished no later than before lunch time.

A: 그러면, 회의 후에 같이 점심식사를 할까요? |
Then shall we have lunch together after the meeting?

B: 네, 좋습니다. | Yes, great.

We will finish the meeting until ~.

 One step forward

신입사원에게 회의 준비 못지 않게 중요한 것은 회의 마무리이다. 우선 회의가 끝난 후에 회의에참석한 부서원들이 두고 간 물건이 없는지 잘 확인하는 것이 필요하다. 다음으로 회의를 위해 빌린 물품들을 잘 반납해야 한다. 회의 시간에 자료로 사용하고 버리는 것들 중에 중요한 내용이 포함되어 있는지 확인한 후에 필요하면 서류를 파기해야 한다. 끝으로 회의실을 관리하는 부서에 연락하여 회의가 끝났음을 알려야 한다.

For a freshman finishing (마무리) a meeting is as important as preparing for it. First of all he/she needs to check whether the participants have left any personal belongings at the meeting place. Also it is important to return any borrowed stuff (물품들을 반납하다). If there is an important content in the meeting materials, the documents should be shredded (서류를 파기하다). In the end, it is advisable to contact department that manages meeting rooms and let them know that the meeting was finished.

Expression for suggesting something or asking an opinion

 Expression pattern practice

김 대리 제안에 대해 어떻게 생각하십니까?
What do you think about assistant manager Kim's proposal?

이 문제에 대해 어떻게 생각하십니까? | What do you think about this problem?

이 보고서에 대해 어떻게 생각하십니까? | What do you think about this report?

이 제품에 대해 어떻게 생각하십니까? | What do you think about this product?

 Dialogue practice

A: 회사의 영업이익이 줄고 있습니다. 영업팀에서는 이 문제에 대해 어떻게 생각
하십니까?
Operating income of the company is decreasing. What does sales team think
about this problem?

B: 영업팀에서도 그 문제를 해결하기 위해 최선을 다하고 있습니다.
In sales team we do our best to resolve this problem.

A: 새로운 판매 전략을 위한 아이디어를 준비해 보세요.
Please prepare an idea of new sales strategy.

B: 네, 팀원들과 같이 논의해 보겠습니다.
We will discuss this issue among team members.

What do you think about ~?

 One step forward

한국의 S 전자회사는 회의 효율성을 높이기 위해 '1-1-2' 원칙을 만들어 회의에 적용하고 있다. 1-1-2 원칙의 의미는 1명이라도 적게 회의에 참석하여 불필요한 회의를 줄이고, 회의는 1시간 이내로 끝내 업무에 지장을 주지 않으며, 잦은 회의보다는 2번 안해도 되는 회의 문화를 만들자는 의미에서 만들어진 원칙이다. 그리고 회의를 주관하는 상사의 일방적인 회의를 지양한다는 목적도 있다. 많은 회사원들이 자주하는 회의 때문에 업무 효율이 떨어진다고 생각하여 이러한 회의 원칙을 만들어 적용하고 있다.

Korean electronics company S in order to increase an efficiency (효율성) of meetings applies (적용하다) "1-1-2" rule. The rule implies the following principles (원칙): first, reducing unnecessary (불필요하다) meetings and participants even up to 1 person, second, finishing a meeting within 1 hour in order not to disrupt (지장을 주다) work, and third, not having a second meeting on the same problem. The rule also considers that the seniors who lead a meeting (회의를 주관하다) should avoid (지양하다) top-down meetings: not only senior talks and everybody listens, but senior should also give employees of all levels a chance to suggest their ideas and should listen to their opinions. Such "1-1-2" rule has been implemented because many employees had been complaining about decreasing efficiency (효율) of the frequent meetings.

Expression for asking an opinion before finishing a meeting

Expression pattern practice

끝나기 전에 하실 말씀이 있습니까?
Before we finish, is there anything that you would like to say?

끝나기 전에 제안이 있습니까? | Before we finish, are there any suggestions?

끝나기 전에 질문이 있습니까? | Before we finish, are there any questions?

끝나기 전에 다른 안건이 있습니까?
Before we finish, is there any other agenda?

Dialogue practice

A: 이것으로 회의를 마치겠습니다. 혹시 끝나기 전에 하실 말씀이 있습니까?
We can finish the meeting at this point. But before we finish, is there anything that you would like to say?

B: 다음 회의 날짜를 정하는 것이 좋겠습니다.
It would be good to fix a date for the next meeting.

A: 네, 그럼, 다음 회의 날짜는 다음주 화요일에 하는 것이 어떻겠습니까?
Then how about Tuesday next week?

B: 네, 좋습니다. 구체적인 회의 시간과 장소는 이메일로 보내드리겠습니다.
Good. I will send the details on the time and the place via email.

Is there ~ before ~?

 One step forward

외국 직원들이 한국 직장문화에 대한 장점으로 '정(情, affection, warmhearted)'이 있는 직장문화를 말하곤 한다. 외국인 직원들은 한국인들이 직장 동료를 '가족'처럼 생각한다고 느낀다. 자주 함께 밥을 먹기도 하고, 술을 마시기도 하며, 주말에는 함께 여가 활동을 즐기기도 하기 때문이다. '선후배 문화' 역시 한국기업에서 나타나는 독특한 직장문화이다. 외국 회사에서는 선배와 후배가 업무 외에 자주 밥을 먹거나 술을 마시지도 않고 선배가 후배를 '맡아서 가르쳐야한다'는 책임 의식도 없다. 가끔 외국회사에서도 신입사원에게 일을 가르쳐 주는 경우가 있지만 이것은 '업무'로 생각한다. 한국 회사에서처럼 선배가 후배를 붙잡고 하나부터 열까지 가르치고 충고하는 한국기업의 직장문화는 외국 직원들에게는 낯선 경험일 것이다.

When talking about the pluses of Korean corporate culture foreign employees often mention '정' (情, affection, warmhearted). Foreigners feel that Koreans treat their colleagues as family members, because they eat together, drink together, do leisure activities (여가 활동) at weekends. Another distinctive (독특하다) feature of Korean corporate culture is relationship between senior and junior. In foregn companies this relationship is limited to work, seniors and juniors do not eat or drink together and a senior does not have sense of responsibility (책임 의식) to be in charge of a junior and teach him/her. Of course in foreign companies there are times when a senior has to teach a freshman, but it is regarded as work. Therefore in a Korean company having a senior who sticks to its junior and teaches him/her everything from A to Z and gives advice (충고하다) might be a strange experience (낯선 경험) for a foreigner.

Expression for telling meeting schedule

Expression pattern practice

다음 회의는 한 달 후에 있을 겁니다. │ Next meeting will be after one month.

다음 회의는 내일 오전에 있을 겁니다. │
Next meeting will be tomorrow in the morning.

다음 회의는 다음주에 있을 겁니다. │ Next meeting will be next week.

다음 회의는 금요일에 있을 겁니다. │ Next meeting will be on Friday.

Dialogue practice

A: 다음 회의는 금요일 오전에 있을 겁니다. 꼭 참석해 주셨으면 좋겠습니다. │
　　Next meeting will be on Friday morning. Be sure to participate.

B: 네, 금요일 오전에 다른 일정은 없습니다. 참석하겠습니다. │
　　Yes, I will participate. There is no other schedule on Friday morning.

A: 제가 부장님에게도 참석 여부를 확인해 보겠습니다. │
　　I will ask general manager as well whether he will participate or not.

B: 그럼, 금요일 오전에 뵙겠습니다. │ Then see you on Friday morning.

~ will be ~.

 One step forward

가르쳤던 학생 중에 한 명이 현재 한국 S물산에서 일하고 있다. 오래 전에 S전자회사 인력개발원과 인사계발그룹에서 외국인 임직원들을 가르쳤던 경험이 있었기 때문에 그 학생이 S물산에 입사할 때만해도 한국회사의 조직문화를 잘 견딜 수 있을지 걱정이 앞섰다. 하지만 입사한지 6년이 지난 그 학생은 외국인 전문가로서의 본인의 존재를 나타내고 일을 잘 해나가고 있다. 한국 기업이 외국인 직원들을 고용할 때 얻는 이점은 상당히 클 것이다. 같은 사무실에서 외국인 직원과 함께 일함으로써 외국 문화 및 업무 스타일이 자연스레 공유될 것이다. 그리고 외국인 직원이 가진 객관적인 관점이 가져다주는 기업 문화는 글로벌시장에서 경쟁하는 한국기업에게 도움이 될 것이다.

One of my students is working at Korean trading company S. Since I have an experience teaching foreign employees (임직원, literally: working and management level employees) at human resourse development center (인력개발원) and human resourse education group of electronics company S long time ago, when this student entered (입사하다) trading company S I had worries whether she will manage to deal with Korean corporate culture (조직문화). However it has been 6 years since she entered the company and now she is working quite well showing herself (존재를 나타내다, literally: show one's existence) as a foreign professional (전문가). Korean companies benefit (이점, literally: advantage, plus) a lot from employing foreigners. As foreigners work at the same office together, their foregn culture and working style are shared (공유되다) naturally. And objective point of view (객관적인 관점) of a foreign employee will help Korean companies to be competitive (경쟁하다, literally: compete) in the global market (글로벌시장).

단어(Vocabulary)

8과에서 배운 중요 단어 확인하기(Checking main vocabulary from Unit 8)

Write in English the meaning of the following words.

1. 판매 _____
2. 예산 _____
3. 논 _____
4. 요약본 _____
5. 전략 _____
6. 전반기 _____
7. 동의 _____
8. 퇴근 _____
9. 예정 _____
10. 제안 _____

Match the words with the same meaning

1. first of all
2. tell/say (honorific form)
3. finish
4. strategy
5. problem
6. propose
7. be gathered
8. solution
9. finish
10. fix a date

- 마치다
- 끝나다
- 제안하다
- 말씀하다
- 날짜를 정하다
- 전략
- 해결
- 문제
- 먼저
- 모이다

문장(Sentense)

8과에서 배운 중요 문형 표현을 문장으로 쓰고 말하기
(Translate the sentences using expression patterns learned in Unit 8)

Expression patterns

1. Today we have gathered to discuss sales plan.

   _____

2. Then I will continue [to talk].

   _____

3. Today we have two issues on our agenda to discuss.

   _____

4. If everybody agrees, I will do that way.

   _____

5. We will finish the meeting before lunch time.

   _____

6. When the meeting will be finished?

   _____

7. Shall we have lunch together after the meeting?

   _____

8. What do you think about this problem?

   _____

9. Before we finish, is there anything that you would like to say?

   _____

10. Next meeting will be on Friday morning.

    _____

Comprehensive Practice (종합 연습)

Department meeting

Write a correct expression in brackets

대리: 김 과장님, 회의를 시작해도 될까요?

과장: 네, 시작하세요.

대리: 그럼, 오늘 회의를 시작하겠습니다.

    1. (_____).

과장: 오늘 회의 안건은 몇 개인가요?

대리: 오늘 2. (_____).

과장: 그럼, 중요한 안건부터 이야기하죠.

(회의 마무리)

대리: 3. (_____).

    혹시 이 안건에 대한 다른 의견이 있습니까?

과장: 없는 것 같습니다. 그럼, 오늘 회의를 마무리하는 게 좋겠습니다.

대리: 4. (_____)? 질문이 없으면 회의를 마치겠습니다.

    5. (_____). 모두 참석해 주세요.

Keys

1. Today we have gathered to discuss sales strategy.
2. we have three issues on our agenda to discuss together.
3. We will finish the meeting no later than before lunch time.
4. Before we finish the meeting, do you have any questions?
5. Next meeting will be on Friday morning.

Unit 09

Notices 회사 공지

● ○ ○

게시물 내용 확인하고 경조사 표현 익히기
Checking notices, practicing expressions for congratulations and condolences

01. ~을/를 확인해 주세요. / Please check ~.

02. ~을/를 공유해 주세요. / Please share ~.

03. ~에서 알려드립니다. / The notice is given from ~.

04. ~은/는 ~에서 있을 예정입니다. / ~ will be (held) at ~.

05. ~을/를 축하드립니다. / Congratulations on ~.

06. ~을/를 듣게 되어 유감입니다. / I am sorry to hear ~.

07. 고인의 명복을 빕니다. / I pray for the bliss of the dead.

~을/를 확인해 주세요.

Expression for asking to check information in the company

Expression pattern practice

회사 새 게시판을 확인해 주세요.
Please check new notice on the company notice board.

회사 홍보 영상을 확인해 주세요. │ Please check company's promotion video.

회사 중요 일정을 확인해 주세요. │ Please check company's main schedule.

새 제품 목록을 확인해 주세요. │ Please check new products list.

Dialogue practice

A: 회사의 게시판에 일부 사항이 변경되었습니다. 직원 분들은 모두 게시판을 확인해 주세요.
There are a few things that have changed on company's notice board.
I kindly ask everybody to check it.

B: 네, 바로 확인해 보겠습니다. 달라진 기능이 있습니까?
I will check right away. Are there some changed functions?

A: 네, 회사의 중요한 일정을 바로 확인할 수 있습니다.
Yes, now it is possible to check directly company's main schedule.

B: 앞으로는 더욱 편리하게 사용할 수 있겠습니다.
Then it will be much easier to use.

Please check ~.

 One step forward

한국의 직장문화에서 점심시간은 누군가와 같이 식사하는 시간이다. 같은 부서의 동료들과 같이 식사를 하거나 다른 누구라도 같이 나가서 점심을 먹는 것이 한국 회사의 점심 직장문화이다. 그리고 점심을 먹고 나서는 보통 찻집으로 이동해 커피나 차를 마신다. 이런 한국회사의 점심 직장문화와 비교하면 해외 기업들은 점심시간이 짧고 동료들과 같이 식사하기 보다는 샌드위치나 샐러드 같은 간단한 도시락으로 혼자 식사를 해결한다.

Lunch time in a Korean corporate culture is a time to eat always with somebody (누군가). It is common to eat together with your colleagues from the department or with somebody else. And after lunch Koreans usually go (이동하다, literally: move) to a café (찻집) to have a cup of tea or coffee. If we compare (비교하다) Korean and foreign lunchtime culture, employees of a foreign company, rather than spending short lunchtime together with their colleagues, eat alone and have (해결하다, literally: resolve) lunch box with simple food like a sandwich or a salad.

02

~을/를 공유해 주세요.

Expression for asking to share information

 Expression pattern practice

부서원들과 아이디어를 공유해 주세요.
Please share your ideas with the colleagues.

행사 정보를 공유해 주세요. | Please share information on the event.

회의 내용을 공유해 주세요. | Please share content of the meeting.

프로젝트 일정을 공유해 주세요. | Please share project schedule.

 Dialogue practice

A: 회사 새 제품 홍보 행사가 언제라고 하셨죠?
When you sad the new product promotion event will be?

B: 네, 다음주 금요일입니다. | Next Friday.

A: 괜찮으시면, 행사 정보를 공유해 주세요.
If it is ok, please share information on the event.

B: 네, 게시판에 정보를 바로 올리겠습니다.
I will upload information on the notice board.

Please share ~.

 One step forward

회사 게시판의 가장 큰 기능은 정보 공유와 공지 사항의 전달일 것이다. 이런 기능을 하는 업무 도구로는 이메일, 메신저, 게시판 등이 있다. 하지만 이메일보다 회사 게시판이나 메신저를 유용하게 사용하는 경우도 있다. 예를 들면, 전체 부서 직원들에게 업무에 대하여 공지를 해야 할 경우, 대량의 메일을 발송하는 것보다 게시판에 공지를 올려서 알리는 것이 보다 효율적이다. 그리고 메신저를 이용하면 메일보다 소통을 하는 속도가 더욱 빨라지고, 메일을 쓸 때 포함되는 일상적인 문구들을 사용하지 않아도 되기 때문에 업무의 효율성을 높일 수 있다. 업무를 볼 때 여러 가지 커뮤니케이션 도구를 같이 사용하는 것이 업무의 능률을 올리는 데에 도움이 될 것이다.

The main function of the company's notice board (게시판) is to share information (정보 공유) and deliver announcements (공지 사항의 전달). Such function generally can be performed by email, messenger, notice board etc. However employees make good (유용하게, literally: usefully) use of notice board or messenger rather than email. For example, when someone needs to deliver an announcement to all (전체) employees of the department it is more efficient (효율적) to upload information on a notice board rather that sending multiple mails (대량의 메일). In case of using a messenger, it can increase the effectiveness (효율성) of the work because there is no need to use routine (일상적인, literally: daily, usual) expressions that are usually used in emails and the communication (소통) speed becomes faster. The use of several types of communication tools (커뮤니케이션 도구) together can increase the work efficiency (능률).

Expression for informing company employees

 Expression pattern practice

영업부에서 알려드립니다. | The notice is given from the sales department.

총무부에서 알려드립니다. |
The notice is given from the administration department.

인사부에서 알려드립니다. | The notice is given from the HR.

개발부에서 알려드립니다. |
The notice is given from the development department.

 Dialogue practice

A: 인사부에서 알려드립니다. 2월부터 인사 이동이 있을 예정입니다.
1월 말에 회사 게시판에 공지할 예정이니 참조하시기 바랍니다. |
The notice is given from the HR. The staff reorganization is expected to start from February.
Please note that the detailed information will be shared at the end of January on company's notice board.

B: 이번에 해외 지사로 발령이 나면 좋을 텐데… |
This time it would be good to be dispatched to the foreign office…

The notice is given from ~.

 One step forward

얼마 전에 대기업에서 일하는 지인이 부장으로 승진했을 때 승진 축하와 함께 다른 부서로의 이동이나 직무가 바뀌었는지 물어본 적이 있다. 인사 이동에는 일반적으로 직위가 올라가는 승진이 있고, 반대로 직위가 내려가는 강등이 있다. 그리고 직원의 적성에 맞게 현재 직무에서 다른 직무로 재배치하는 전환배치가 있다. 일반적으로 직원이 담당하고 있는 업무를 직무라고 하는데 인사 이동에 있어서는 직무 분석과 인사 고과(personnel rating)가 중요하다. 특히, 부서 내에서 직무와 관련하여 직원의 업무수행능력을 평가하는 인사 고과는 인사 이동에서 가장 중요한 평가 수단의 기능을 한다.

Not long time ago when one of my acquaintances (지인) got promoted (승진하다) to be a general manager, I asked whether company, together with congratulations, dispatch (이동, literally: move, transfer) a person to the other department or whether duties are changed. Staff reorganization (인사 이동) usually includes promotion (승진), when an employee is upgraded to the higher position, demotion (강등), when an employee is downgraded to the lower position, and horizontal reshuffling (전환배치, literally: diposition change), when position of an employee is changed not in terms of its level, but in terms of the duties he/she performs according to his/her aptitude. Duties, or the work that an employee is in charge of, and personnel rating (인사 고과) are the main criteria that HR looks on when doing staff reorganization. And personnal rating that measures employee's an ability to perform its work (업무수행능력) is an especially important instrument for assessment (평가) of a right position for an employee.

Expression for telling where an event will be held

Expression pattern practice

영업부 모임은 C식당에서 있을 예정입니다.
The gathering of the sales department will be at restaurant C.

오늘 회식은 D식당에서 있을 예정입니다.
Today corporate dinner will be at restaurant D.

장례식은 A병원에서 있을 예정입니다. The funeral will be held at hospital A.

결혼식은 B식장에서 있을 예정입니다. The wedding will be held at restaurant B.

Dialogue practice

공지: 영업팀 김민수 과장의 부친께서 2020년 4월 4일 지병으로 별세하셨기에 삼
    가 알려드립니다.
    장례식은 A병원에서 있을 예정입니다.
    장례식에 참석하셔어 갑작스럽게 부친상을 당하신 김민수 과장님을 위로해
    주시기 바랍니다.

Notice: Hereby we respectfully inform that the father of manager Minsoo Kim
    from the sales department passed away because of chronic disease on
    April 4, 2020. The funeral will be held at hospital A. We kindly ask to
    participate in the funeral and express your condolences to manager
    Minsoo Kim who has suddenly lost his father.

~ will be (held) at ~.

 One step forward

상을 당한 직장 동료 장례식에 부서원들과 같이 가게 되면 정해진 순서에 따라 조문을 해야 한다. 우선 방명록에 부서 이름과 본인의 이름을 적고 부의금을 내면 된다. 그 후에 종교에 따라 불교이면 분향을 하고 기독교나 천주교이면 헌화를 하면 된다. 그리고 두 번 절을 해야 한다. 그리고 상을 당한 직원 동료에게 절을 한 번 한 후에 위로의 말을 전하고 나오면 된다. 식사를 할 경우에는 먼저 조문객이 많은지 확인을 하는 것이 좋다. 조문객이 많을 경우에는 식사를 하지 않고 오는 것도 바른 예절이다. 그리고 같은 부서원의 경조사에 참석하는 것도 한국의 직장문화이다.

When you go to the funeral with employees of the department you should follow a special procedure (순서, literally: order) to express your condolences (조문을 하다) to a coworker who lost his/her family member (상을 당하다). First, you should write your name and department name in the visitors' book (방명록) and give condolence money (부의금). Then, depending on a religion (종교), incense (분향을 하다) in case of a Buddism, or lay flowers (헌화를 하다) in case of Christianity. You should make two bows to the body of a person who passed away. Then you should make one bow to the coworker who lost his/her family member and express your condolences (위로의 말). If food is provided at the funeral, first you should check (확인하다) if there are many visitors (조문객, literally: condoler). If there are many people in the cafeteria it would be a good maner (바른 예절) to leave without eating. Participating in coworker's (같은 부서원) funeral, as described above, or wedding (경조사) is a part of Korean culture.

05 ~을/를 축하드립니다.

▶▶▶▶▶▶▶▶

Expression for congratulating coworker

 Expression pattern practice

승진을 **축하드립니다.** │ Congratulations on promotion.

해외 지사 발령을 **축하드립니다.** │
Congratulations on appointment to the foreign branch.

팀장이 되신 것을 **축하드립니다.** │
Congratulations on becoming a head of the team.

계약 연장을 **축하드립니다.** │ **Congratulations on** contract extension.

 Dialogue practice

A: 어제 회사 게시판에서 인사 공지를 봤습니다.
  김 과장님, 부장으로 승진하신 것을 진심으로 축하드립니다. │
  Yeaterday I saw HR notice on company's notice board.
  Manager Kim, my sincere congratulations on promotion to general manager.

B: 부서원 모두 도와 준 덕분입니다. │ It is thanks to all our department members.

A: 그동안 김 과장님이 성과를 많이 내셔서 승진을 하신 거라고 생각합니다. │
  I think you are promoted thanks to the results you have achieved up until
  now.

B: 모두에게 고맙습니다. │ Thanks to everybody.

168 비즈니스 한국어 문형

Congratulations on ~.

 One step forward

한국회사에서 인사와 관련한 공지를 할 때 사용하는 용어들이 있다. 그것은 전직, 전근, 전출, 전적, 전보 등이다. 전직은 일하는 부서는 바뀌지 않고 직무의 종류나 업무 내용이 바뀌는 것을 말한다. 전근은 업무 내용뿐만 아니라 근무 장소가 바뀌는 것을 말한다. 예를 들면, '모스크바 지사에서 카잔 지사로 전근 발령이 났습니다.'라고 말할 수 있다. 전출은 직원이 소속되어 있는 회사와의 근로계약 관계는 유지되지만 파견 근무, 장기 출장 등 다른 회사의 지휘와 감독을 받아 업무를 수행하는 것을 말한다. 전적은 소속 회사와의 근로계약을 종결하고 다른 회사와 근로계약을 맺게 되는 것을 말한다. 전보는 동일한 직급으로 근무 장소가 다른 곳으로 바뀌는 것을 말한다.

There are special terms (용어) that are used in HR notices (공지) regarding staff reorganization in Korean companies, for example: 전직, 전근, 전출, 전적, 전보 etc. 전직 means staying in the same department but changing duties or type of work. 전근 means not only a change of duties but a place of work, for example: '모스크바 지사에서 카잔 지사로 전근 발령이 났습니다.' ("An order of transfer (발령) from Moscow branch to Kazan branch was issued"). 전출 means that employment contract (근로계약) with the company stays the same (유지되다), but the worker is dispatched (파견 근무) or sent on a long business trip (장기 출장) to other place to perform work (업무를 수행하다) under direction and supervision (지휘와 감독) of an another company. 전적 means terminating (종결하다) employment contract with the current company and signing (계약을 맺다) another one with other company. 전보 means change of workplace, but keeping the same position (직급).

06

~을/를 듣게 되어 유감입니다.

Expression used when you hear about someone's death

 Expression pattern practice

부고를 듣게 되어 유감입니다. | I am sorry to hear about his/her death.

부친상 소식을 듣게 되어 유감입니다. |
I am sorry to hear about your father's death.

모친상 소식을 듣게 되어 유감입니다. |
I am sorry to hear about your mother's death.

장인께서 임종하셨다는 소식을 듣게 되어 유감입니다. |
I am sorry to hear that your father-in-law passed away.

 Dialogue practice

A: 김 과장님, 상심이 크시겠습니다. 부친상 소식을 듣게 되어 유감입니다. |
Manager Kim, you must be devastated. I am sorry to hear about your father's death.

B: 위로의 말씀 고맙습니다. | Thank you for your condolences.

A: 어려우시겠지만 힘내시기 바랍니다. | It must be hard but stay strong.

B: 네, 고맙습니다. | Thank you.

One step forward

회사내 게시판에서 부고를 보게 되는 경우가 있다. 예를 들면, 부고 A 과장님 모친 상, 부고 B 부장님 빙모상 등의 부고를 문자 메시지나 회사 게시판에서 받게 된다. 부친상은 동료 직원의 아버지가 돌아가셨다는 의미의 용어이다. 모친상은 동료 직원의 어머니가 돌아가셨다는 뜻이다. 그리고 빙모상은 동료 직원의 장모가 돌 아가셨다는 것이고, 빙부상은 동료 직원의 장인이 돌아가셨다는 뜻이다. 부서장이 나 직장 동료와 같이 장례식장에 갈 경우에는 검은색 계열의 옷을 입고 가는 것이 예절이다.

There are times when you see a notice of somebody's death (부고) on company's notice board, for example, '부고 A 과장님 모친상' ("Obituary notice: mother of manager A passed away"), '부고 B 부장님 빙모상' ("Obituary notice: mother-in-law of general manager B passed away"). 부친상 is a term (용어) which means that father of a coworker passed away. 모친상 means that mother of a coworker passed away. 빙모상 means mother-in-law (장모) of a coworker passed away and 빙부상 means father-in-law (장인) of a coworker passed away. According to the etiquette you should wear dark clothes when you go on a funeral (장례식장) with your coworkers and head of the department.

Expression for expressing condolences to a coworker who has lost his/her family member

Expression pattern practice

고인의 명복을 빕니다. | I pray for the bliss of the dead.

삼가 고인의 명복을 빕니다. | I prudently pray for the bliss of the dead.

삼가 조의를 표하며 **고인의 명복을 빕니다.** |
I prudently extend my heartfelt condolences **and pray for the bliss of the dead.**

상고를 당하셔서 상심이 크시겠습니다. **고인의 명복을 빕니다.** |
You must be devastated **because of your loss, I pray for the bliss of the dead.**

Dialogue practice

A: 김 과장님, 상을 당한 직원을 위로하는 표현을 가르쳐주세요. |
Manager Kim, please teach me some condolences expressions

B: 모니카 씨, 한국에서는 보통 이런 표현을 사용합니다. |
Monica, in Korea usually the following expressions are used:
'삼가 고인의 명복을 빕니다.' | "I prudently pray for the bliss of the dead."
'얼마나 상심이 크시겠습니까?' | "You must be devastated."
'뭐라고 위로의 말씀을 드려야 할지 모르겠습니다.' |
"I do not know what to say to condole with you upon your loss."
'삼가 조의를 표합니다.' | "I prudently extend my heartfelt condolences."

A: 고맙습니다. | Thank you.

I pray for the bliss of the dead.

 One step forward

상을 당한 직장 동료의 장례식장에서 해서는 안 되는 말과 행동이 있다. 먼저 해서는 안 되는 표현은 다음과 같다. 돌아가신 분이 왜 돌아가셨는지를 질문하는 것은 바른 예절이 아니다. 그리고 식사를 하면서 건배라는 표현을 사용하는 것도 예의가 아니다. 다음으로 해서는 안 되는 행동에는 장례식장에 같이 온 부서원들과 같이 사진을 찍고 소셜미디어(social media)에 사진을 올리는 행동이다. 상을 당한 직장 동료를 생각한다면 장례식장에 왔다는 것을 인터넷 상에 알리는 것은 바른 예의가 아닐 것이다.

There is some kind of behavior (말과 행동) that is not acceptable on the funeral of a family member of your coworker. First, it is not appropriate to ask the reason of death and it is not etiquette (예의) to say toast (건배) at a dinner table. Also you should not make photos with your coworkers and upload them on social media (소셜미디어). If you care about your coworker who has lost his/her family member, it is not acceptable to share news on Internet that you were on funeral.

단어(Vocabulary)

9과에서 배운 중요 단어 확인하기(Checking main vocabulary from Unit 9)

Write in English the meaning of the following words.

1. 홍보 _____
2. 영상 _____
3. 유감 _____
4. 기능 _____
5. 공유 _____
6. 행사 _____
7. 인사 이동 _____
8. 부고 _____
9. 소식 _____
10. 임종 _____

Match the words with the same meaning

1. result   • 상심
2. heartfelt condolences   • 위로
3. an order of appointment / transfer to a new job position • 부친상
4. extension / prolongation   • 장례식
5. prudent condole / console   • 고인
6. promotion   • 성과
7. funeral   • 삼가 조의
8. grief / being devastated   • 승진
9. death of a father   • 발령
10. the dead   • 연장

9과에서 배운 중요 문형 표현을 문장으로 쓰고 말하기
(Translate the sentences using expression patterns learned in Unit 9)

Expression patterns

1. We kindly ask all employees to check company's notice board.
   _____

2. Please share your ideas with other co-workers.
   _____

3. I will upload information on company's notice board right away.
   _____

4. Please share company information.
   _____

5. The wedding will be in February.
   _____

6. I am sorry to hear about your father's death.
   _____

7. Thank you for your condolences.
   _____

8. The funeral will be at the hospital A.
   _____

9. I don't know what to say.
   _____

10. Congratulations on promotion.
   _____

Comprehensive Practice (종합 연습)

Company notices

Write a correct expression in brackets

대리: 김 과장님, 1. (_____).

과장: 고마워요. 모두 부서원 덕분입니다.

대리: 회사 공지를 보니까 2. (_____).

과장: 네, 거래처를 확장하게 되어 업무가 더 많아질 겁니다.

대리: 그럼, 김 과장님 업무는 누가 담당하실 예정인가요?

과장: 다음주에 3. (_____).

     공지가 있기 전까지 4. (_____).

대리: 네, 알겠습니다. 부서원들에게도 알리겠습니다.

Keys

1. Sincere congratulations on promotion.
2. I have heard you will be transferred to sales department.
3. There will be a notice on staff reorganization.
4. Share work related information to me.

Unit 10

Corporate dinner 회식

● ○ ○

회식 관련 표현과 한국회사의 회식 문화 이해하기
Understanding Korean corporate dinner culture and
expressions used during corporate dinner

01. ~은/는 ~에서 있습니까? / Where will be ~?

02. ~때문에 ~하기 어렵습니다. / ~ might be difficult because of ~.

03. ~(으)로 하겠습니다. / I will ~.

04. ~을/를 못 마십니다. / I cannot drink ~.

05. ~이/가 정말 즐거웠습니다. / I really enjoyed ~.

06. ~실례지만, 먼저 ~겠습니다. / Excuse me. I will ~ first.

~은/는 ~에서 있습니까?

Expression for asking where will be a gathering place

Expression pattern practice

내일 회식은 어디에서 있습니까? | Where will be a corporate dinner tomorrow?

다음주 회의는 어디에서 있습니까? | Where will be a meeting next week?

금요일 모임은 어디에서 있습니까? | Where will be a Friday gathering?

신입사원 환영식은 어디에서 있습니까? |
Where will be freshmen welcoming ceremony?

Dialogue practice

A: 신입사원 알리나 환영식은 어디에서 있습니까? |
Freshman Alina, where will be the welcoming ceremony?

B: 네, 시내에 있는 한국식당에서 할 예정입니다. |
It will be in Korean restaurant in downtown.

A: 몇 시까지 가야 하나요? | At what time we should be there?

B: 오후 7시부터니까 제 차로 같이 가시지요(가시죠)? |
It starst at 7 p.m., shall we go in my car?

A: 네, 고맙습니다. | Yes, thank you.

Where will be ~?

 One step forward

회사에서의 직원 채용은 크게 경력직원 채용과 신입사원 채용이 있다. 경력직원 채용은 프로젝트를 진행하던 직원이 그만두어 채용을 하거나 회사에 새 부서가 생겨서 그 부서의 체계를 잡기 위하여 채용을 하는 경우이다. 반면에 신입사원 채용은 미래를 보고 채용을 하는 것이기 때문에 현재의 프로젝트 보다는 장기적인 비전을 가지고 새로운 프로젝트를 창출하기 위하여 신입사원을 채용하게 된다.

The recruitment in Korean companies is usually divided into recruitment of employees with an experience (경력직원) and recruitment of employees without an experience / freshmen. Employees with an experience are usually hired instead a person who was in charge of a project and left a company (그만두다) or when there is a need to create and organize (체계를 잡다) a new department in a company. On the other hand, freshmen are hired with the perspective on the future (미래), for creating (창출하다) new projects with a long-term vision (장기적인 비전).

02

~때문에 ~하기 어렵습니다.

▶▶▶▶▶▶▶▶

Expression for telling a reason for not participating in a gathering

 Expression pattern practice

내일 회의 준비 때문에 오늘 모임은 참석하기(가) 어렵습니다.
It will be difficult for me to participate in today's gathering because I need to prepare for a meeting.

저녁에 가족 모임이 있기 때문에 참석하기 어렵습니다.
It will be difficult for me to participate because of family gathering in the evening.

내일 출장 때문에 참석하기 어렵습니다.
It will be difficult for me to participate because of tomorrow's business trip.

내일 아침 업무 보고 때문에 오늘 참석하기 어렵습니다.
It will be difficult for me to participate today because I need to do a report tomorrow morning.

 Dialogue practice

A: 저녁 7시에 총무팀 회식 있는 거 아시죠?
You know that there is administrative department's corporate dinner at 7 p.m., do you?

B: 네, 알고 있습니다. 그런데 저는 내일 출장 준비 때문에 회식에 가기 어렵습니다.
Yes, I know. But it will be difficult for me to participate because I need to prepare for tomorrow's business trip.

A: 그래도 오랜만에 하는 회식인데 잠깐이라도 참석하시죠?

The corporate dinner is for the first time in a long period, why don't you come for a while?

B: 저도 그러고 싶지만 비행기가 오전 6시에 출발해서 일찍 공항에 가야 합니다.

would like to come too, but the plane is at 6 in the morning, so I need to go to the airport early.

A: 네, 그렇군요. 출장 잘 다녀오세요.   I see. Have a safe business trip.

One step forward

회사에서 공식적인 회식은 보통 일주일 전에 공지를 하기 때문에 급한 일정이 아니면 참석하는 것이 바람직하다. 요즘에는 회식자리에서 술을 강하게 권하지 않는 분위기이다. 따라서 본인이 술에 약하면 솔직하게 자신의 주량을 이야기하는 것이 좋다. 그리고 회식 자리 분위기에 맞추어 자신의 주량을 조절하는 것도 필요하다. 최근에는 같이 공연을 보거나 봉사활동을 한 후에 하는 회식 자리도 생겨나고 있다. 회식을 너무 부담스러워하지 말고 부서원 간의 소통을 위한 도구로 생각하는 것이 좋을 것이다.

Notices about official (공식적인) corporate dinner are usually done one week before, so it is advisable to participate (참석하다), unless there is some urgency (급한 일정). In nowadays athmosphere (분위기) nobody forces (권하다) other to drink alcohol. So if you cannot drink a lot, it is better to honestly let others know about your drinking capacity (주량). Also you might need to adjust your drinking capacity to the athmosphere of the corporate dinner. Recently corporate dinners are also usually held after watching a performance (공연) together or doing voluntary work (봉사활동). Don't be burdened (부담스러워하다) with corporate dinner, it is better to think of it as a tool to enhance communications (소통) with co-workers.

03

~(으)로 하겠습니다.

Expression for fixing corporate dinner place

Expression pattern practice

오늘 회식은 치킨집으로 하겠습니다.
I will pick a chicken restaurant for today's corporate dinner.

오늘 2차는 노래방으로 하겠습니다.
I will pick a karaoke bar for the second round.

오늘 모임은 한국식당으로 하겠습니다. I will pick a Korean restaurant for
today's gathering.

오늘 1차는 삼겹살 식당으로 하겠습니다. I will pick a samgyeopsal (pork belly)
restaurant for today's first round.

Dialogue practice

A: 부장님, 오늘 회식은 어디에서 있습니까?
General manger, where will be today's corporate dinner?

B: 오늘 회식은 한국 식당으로 하겠습니다.
I will pick a Korean restaurant for today's dinner.

A: 한국 음식을 먹은지 오래되었는데 좋습니다.
That's good, because it's been a long time since I ate Korean food.

B: 그럼, 6시쯤에 봅시다. So see you at 6.

I will ~.

신입사원이 회사에 입사하여 부서 배치를 받으면 신입사원 환영회라는 첫번째 회식 자리를 갖게 된다. 본래 회식의 사전적 의미는 여러 사람이 모여 함께 음식을 먹는다는 뜻이다. 우리가 식구라고 하면 한집에 살면서 같이 식사를 하는 사람을 말한다. 마찬가지로 한국회사에서 회식의 의미는 회사 동료들을 식구로 인정하며 같이 밥을 먹는 자리라는 것을 알 수 있다. 신입사원이 처음으로 하는 회식 자리는 긴장을 할 수 밖에 없다. 신입사원을 환영하는 회식자리는 신입사원 본인을 부서원 전체에게 알릴 수 있는 자리이기 때문에 가능한 참석한 모든 사람과 이야기를 나누는 것이 좋다.

After freshmen entered a company and were appointed to a department (부서 배치), usually a welcoming ceremony (환영회) is held as a first corporate dinner (회식). The original dictionary meaning of a '회식' was a gathering of several people to eat together. For Koreans a family member (식구) is a person who lives together in one house and eats together. So in the same way (마찬가지로) the meaning of a corporate dinner in a Korean company is a meeting of co-workers who are acknowledged (인정하다) as family members and eat together. For a freshman it is natural to feel nervous (긴장을 하다) at a first corporate dinner. Dinner for welcoming freshmen is an opportunity to let everybody in a department know about yourself, so if it is possible (가능하다) it is better to have a talk with everybody.

Expression for refusing alcohol

Expression pattern practice

저는 술을 못 마십니다. │ I cannot drink alcohol.

저는 소주를 못 마십니다. │ I cannot drink soju.

저는 약을 먹고 있어서 커피를 못 마십니다. │ I cannot drink coffee because I am on medication.

저는 독한 술을 못 마십니다. │ I cannot drink strong alcohol drinks.

Dialogue practice

A: 알리나 신입사원을 환영합니다. 다같이 건배하겠습니다.
제가 '영업부'라고 선창을 하면 다같이 '화이팅'이라고 외쳐주세요. │
We are welcoming freshman Alina. Let's have a toast.
Once I start off by shouting "sales department", everybody shouts: "fighting!"

B: 네, 알겠습니다. │ Understood.

A: 우리 영업부를 위하여~ │ For our sales department!

B: 화이팅! │ Fighting!

A: 알리나 씨, 한 잔 더 하세요. │ Miss Alina, drink one more.

B: 저는 소주를 못 마십니다. 맥주로 마시겠습니다. │
I cannot drink soju. I will have beer.

I cannot drink ~.

 One step forward

회사 회식 자리에 참석하게 되면 건배사를 하게 된다. 본래 건배는 상대방과 술잔을 부딪쳐 술이 넘나들게 하여 술에 독이 없다는 것을 보여주기 위하여 생겼다고 한다. 현대 사회에서는 상대방의 건강과 행운을 빌기 위하여 건배를 하게 되었다. 건배를 하면서 '건배구호'를 외치게 되는데 여러가지 재미있는 표현들을 많이 사용하고 있다. 예를 들면, '나가자'라는 건배사는 '나라와 가족과 자신을 위하여'라는 의미로 사용한다. 일반적으로 '~위하여'를 건배사로 자주 사용한다. 영업팀을 위하여, 우리 회사의 발전을 위하여 등 한 두 개 정도의 건배사를 미리 준비하고 한국 회식 자리에 참석하는 것도 회식 자리에서 긴장을 줄일 수 있는 방법이 될 것이다.

At corporate dinner you might have to say a toast (건배사). They say that toast (건배) originally was clanging glasses (술잔) for drinks to spill in and out of the two glasses to show that there is no poison (독) in them. Nowadays toast is said to wish health and good luck (건강과 행운) to the other person. When saying a toast Koreans usually shout out (외치다) some toast slogan (건배구호), for which they use various interesting expressions. For example: toast '나가자' (literally: let's get out) means (의미) '나라와 가족과 자신을 위하여' ("for our country, families, and ourselves (자신)"). Or simply '~위하여' ("For~") is used as a usual toast. Preparing in advance several toasts like '영업팀을 위하여' ("For sales department"), '우리 회사의 발전을 위하여' ("For the development of our company") etc. will make you feel less nervous at Korean corporate dinner.

05

~이/가 정말 즐거웠습니다.

▶▶▶▶▶▶▶▶▶

Expression for expressing your impression after gathering

Expression pattern practice

오늘 모임이 정말 즐거웠습니다. | I really enjoyed today's gathering.

오늘 회식 자리가 정말 즐거웠습니다. | I really enjoyed today's corporate dinner.

영업부 행사가 정말 즐거웠습니다. |
I really enjoyed the sales department's event.

오늘 노래방 2차가 정말 즐거웠습니다. |
I really enjoyed karaoke as a second round.

Dialogue practice

가: 어제 회식이 어땠어요? | How was corporate dinner yesterday?

나: 네, 어제 회식 자리가 정말 즐거웠습니다.
부서원들과 서로 더 잘 알게 되었습니다. |
I really enjoyed yesterday's corporate dinner. I got to know our co-workers
better.

가: 2차는 어디로 갔어요? | Where did you go for the second round?

나: 네, 2차는 노래방으로 갔는데 부서원들 모두 노래를 잘 하시더군요. |
For a second round we went to karaoke. Everybody sings so well.

I really enjoyed ~.

 One step forward

회사의 회식은 업무 효율을 높이기 위하여 팀 회사 동료끼리 친목을 다지고 서로를 좀 더 알아가기 위한 자리이다. 하지만 모두가 좋아야 할 회식 자리가 한 명이라도 스트레스로 받아들인다면 진정한 회식이 아닐 것이다. 최근에는 회사의 회식 문화가 간소화되어 보통 회식이 1차로 끝나거나 2차를 가도 간단히 커피를 마시는 경우가 많다. 하지만 아직까지도 노래방은 직장 회식의 2차 장소로 많은 직장인들에게 인기가 많다. 회식 자리를 통하여 한국인직원과 외국인직원 사이의 거리를 좁힐 수 있고 한국회사의 회식문화를 이해하게 된다면 모든 직원이 하나가 되는 자리가 될 수 있을 것이다.

Corporate dinner is a place for employees to socialize (친목을 다지다) and know each other better, which in its turn will improve effectiveness (효율) of the work. However, if even one person does not enjoy and feels stressed about the corporate dinner, then it is not a genuine (진정하다) corporate dinner. Nowadays corporate dinner culture is being simplified (간소화되다) and usually dinner ends with the first round (1차) or simply with drinking coffee at a second round (2차). However karaoke is still a popular place among office workers for a second round of a corporate dinner. At a corporate dinner a distance between Korean employees and foreign employees can be reduced, and if a foreigner gets to understand Korean corporate dinner culture, a dinner might become a place for unification of all employees.

06

실례지만, 먼저 ~겠습니다.

Expression used when leaving a gathering early

Expression pattern practice

실례지만, 먼저 일어나겠습니다. | Excuse me. I will leave (literally: get up) first.

실례지만, 먼저 가겠습니다. | Excuse me. I will go first.

실례지만, 20분 후에 먼저 나가겠습니다. | Excuse me. I will go (literally: go out)
first after 20 minutes.

실례지만, 먼저 가야겠습니다. | Excuse me. I will have to go first.

Dialogue practice

A: 김 대리는 2차를 안 가나요? |
   Assistant manager Kim, don't you go on a second round?

B: 네, 저도 가고 싶습니다. 하지만 중요한 선약이 있습니다.
   실례지만, 저 먼저 가겠습니다. |
   I would like to go but I have an important appointment. Excuse me. I will go
   first.

A: 그래요, 그럼, 내일 봅시다. | OK then, see you tomorrow.

B: 네, 모두 재미있는 시간 보내세요. | Everybody have a good time.

Excuse me. I will ~ first.

 One step forward

다음날에 업무에 지장을 주게 될 정도로 과음을 하거나 회식 자리를 오래 가지면 안 된다. 그래서 최근에는 회사마다 회식 문화를 바꾸기 위하여 다음과 같은 공지를 한다. 예를 들면, '오늘부터 우리 부서의 회식은 '112'입니다'라고 한다면, 112의 의미는 한 종류의 술로 회식은 1차까지만 회식자리는 2시간 이내로 끝내십시오라는 의미이다. 또는 '222'라고 하는 경우도 있는데 '222'는 술은 반잔만 채우고 상대방에게 두 잔이상 술을 권하지 않으며 마찬가지로 2시간 이내에 회식자리를 마치는 것이다. 그리고 '911'은 회식 시간은 9시까지, 회식 자리는 1차에서 마치고 한 종류 이상의 술을 마시지 않는 것을 의미한다.

It is not appropriate to drink a lot (과음) or be on a corporate dinner for too long to the extent that it will hinder (지장을 주다) your work the next day. So, recently, many companies in order to change corporate dinner culture make special rules and post them on a notice board. For example, '오늘부터 우리 부서의 회식은 '112'입니다' ("From today corporate dinner follows "112" rule."), which means a corporate dinner with one type of alcohol, 1 round and within 2 hours. Or there is also "222" rule: fill a glass only for a half, do not make others drink more than two times and end a dinner within two hours. Another rule is "911": corporate dinner until 9 p.m., 1 round, and one type of alcohol.

단어(Vocabulary)

10과에서 배운 중요 단어 확인하기(Checking main vocabulary from Unit 10)

Write in English the meaning of the following words.

1. 회식 _____
2. 모임 _____
3. 환영식 _____
4. 노래방 _____
5. 차(1차, 2차) _____
6. 인정 _____
7. 건배 _____
8. 선창 _____
9. 외치다 _____
10. 실례 _____

Match the words with the same meaning

1. strong alcohol   • 일어나다
2. everybody   • 준비
3. for   • 일찍
4. preparation   • 독한 술
5. after a long time / first time in a long period   • 모두
6. pleasant / enjoyable   • 즐겁다
7. important   • 정말
8. get up / leave   • 위하여
9. really   • 오랜만에
10. early   • 중요하다

문장(Sentense)

10과에서 배운 중요 문형 표현을 문장으로 쓰고 말하기
(Translate the sentences using expression patterns learned in Unit 10)

Expression patterns

1. Where will be a corporate dinner today?

_____

2. At what time shall we go?

_____

3. It might be difficult for me to go to the gathering, because I need to prepare for tomorrow's meeting.

_____

4. Have a safe / good business trip.

_____

5. I will pick a Korean restaurant as a place for today's corporate dinner.

_____

6. Let's have a toast together.

_____

7. I cannot drink soju. I will drink beer.

_____

8. I really enjoyed today's corporate dinner.

_____

9. I got to know our co-workers better.

_____

10. Excuse me. I will go first after 20 minutes.

_____

Comprehensive Practice (종합 연습)

Corporate dinner

Write a correct expression in brackets

대리: 오늘 회식은 1. (_____).

신입사원: 닭갈비를 먹고 싶었는데 잘 되었네요.

대리: 7시까지 춘천닭갈비로 오세요.

신입사원: 네, 알겠습니다.

(회식 자리)

대리: 소주 마실래요?

신입사원: 2. (_____). 괜찮으면, 맥주를 마시고 싶습니다.

대리: 그래요, 그럼, 맥주를 따르고 3. (_____).

신입사원: 네, 알겠습니다.

대리: 오늘 회식 자리에 처음 참석했는데 어때요?

신입사원: 부서원 모두가 환영해 주셔서 4. (_____).

Keys

1. I will pick spicy stir-fried chicken as a menu for

2. I cannot drink soju.

3. Let's have a toast together.

4. I had a feeling that we are all a family.

Unit 11

Business trip 출장

● ○ ○ ○

다른 회사 방문하여 회사 소개하기
Visiting other company and introducing your company

01. ~(으)로 출장을 갑니다. / I am going on a business trip to ~.

02. ~(으)로 마중나와 주실 수 있습니까? / Could you please go to ~ to pick up ~?

03. ~까지 어떻게 가야 합니까? / How can I get to ~?

04. ~은/는 저희 회사의 주력 상품입니다. / ~ is the main product of our company.

05. ~을/를 보내드릴 수 있습니다. / I can send you ~.

06. ~에 대해 협력하기를 바라겠습니다. / I want us to collaborate on ~.

01 ~(으)로 출장을 갑니다.

Expression for expressing the purpose and destination of the business trip

Expression pattern practice

거래처를 방문하러 **러시아로 출장을 갑니다.**
I am going on a business trip to Russia to visit the client.

계약을 하러 **체코로 출장을 갑니다.**
I am going on a business trip to the Czech Republic to sign the contract.

해외 지사 일로 **출장을 갑니다.**
I am going on a business trip to deal with foreign branch issues.

일 때문에 **한국으로 출장을 갑니다.**
I am going on a business trip to Korea because of work.

Dialogue practice

A: 이번에 어디로 출장을 가십니까?
  Where are you going on a business trip this time?

B: 네, 부장님과 같이 거래처를 방문하러 러시아로 출장을 갑니다.
  I am going to Russia to visit the client with general manager.

A: 러시아로 가면 일정이 길겠습니다.
  If you go to Russia the schedule will be long.

B: 네, 모스크바, 카잔, 쌍트뻬테르부르크 등을 방문해야 해서 2주 정도 예상하고
  있습니다.

Yes, we have to visit Moscow, Kazan, Saint Petersburg, so I expect it to be 2 weeks.

A: 잘 다녀오십시오. │ Have a safe trip.

 One step forward

출장의 사전적 의미는 업무를 수행하기 위하여 어떤 장소로 나가는 것을 말한다. 회사에서 출장은 원활한 업무수행을 위한 하나의 업무 과정이라고 볼 수 있다. 출장은 국내출장과 해외출장으로 나눌 수가 있다. 그리고 국내출장은 시내출장과 시외출장으로 나눌 수 있다. 출장을 갈 때는 출장 계획안을 작성하여 미리 승차권, 숙박지 등을 준비하는 것이 좋다. 교통을 이용하거나 숙박이 필요한 경우에는 회사 내 관련 규정에 따라 적절한 등급의 숙소와 대중교통을 선택하는 것이 좋다. 그리고 지사에 문의하여 현지 사정을 확인하는 것도 좋은 방법이다.

Dictionary meaning of '출장' is a trip to some place to perform one's job duties. In a company business trip is considered to be one of the work process (업무 과정) for smooth business performance (업무수행). Business trip can be divided into domestic (국내출장) and overseas (해외출장). And domestic business trip can be divided into inside the city (시내출장) and outside the city (시외출장). It is advisable to write (작성하다) a business trip plan (계획안) and prepare tickets (승차권) and accommodation (숙박지) etc. in advance. Public transportation and accommodation are usually chosen (선택하다) according to the class (등급) defined in the company regulations (규정). The best way is to check local situation (현지 사정) with transport and accommodation with a branch office.

~(으)로 마중나와 주실 수 있습니까?

Expression for asking to pick up somebody who came on a business trip

Expression pattern practice

공항으로 마중나와 주실 수 있습니까?
Could you please go to the airport to pick up the client?

기차역으로 마중나와 주실 수 있습니까?
Could you please go to the train station to pick up the client?

버스터미널로 마중나와 주실 수 있습니까?
Could you please go to the bus terminal to pick up the client?

항구로 마중나와 주실 수 있습니까?
Could you please go to the seaport to pick up the client?

Dialogue practice

A: 공항에 언제 도착하십니까? │ When do you arrive?

B: 오전 11시에 도착합니다. 공항으로 마중나와 주실 수 있습니까? │
I arrive at 11. Can you come to the airport to pick me up?

A: 네, 걱정하지 마십시오. 항공편을 알려주세요. │
Yes, don't worry. Please tell me you flight number.

B: 네, 항공명은 OS901입니다. │ Flight number is OS901.

A: 그럼, 공항에서 뵙겠습니다. │ OK, see at the airport.

Could you please go to ~ to pick up ~?

 One step forward

출장을 가기 전에 출장신청서를 작성하여 담당자로부터 승인을 받아야 한다. 출장신청서에서 작성해야 하는 항목은 출장사유, 경비내역, 출장 장소와 일정, 출장 중 업무대행 등에 대하여 작성을 해야 한다. 출장사유는 출장을 가는 이유와 목적을 쓰면 된다. 경비내역에는 현지 숙박비, 교통비, 식비 등을 작성하면 된다. 보통 출장비는 회사 출장비 규정에 따라 지급이 되기 때문에 경비 지출과 관련하여 증빙 서류를 준비하는 것이 중요하다. 출장 장소와 일정 작성은 방문하는 목적지와 거래처의 담당자 부서와 연락처를 작성하여 다음 출장에 필요한 정보로 활용하는 것도 필요하다. 마지막으로 출장 기간 중에 본인의 업무를 대행할 직원에 대한 정보를 작성해야 한다.

Before going on business trip you need to write business trip application (출장신청서) and get approval from a person in charge. The application should include: business trip purpose (출장사유), expected expenses (경비내역), business trip place and schedule (출장 장소와 일정), plan on how and who will cover for you during a business trip etc (출장 중 업무대행). As for business trip purpose, you can write the reason and tasks for the business trip. As for expected expenses, you should include local accommodation expenses, transportation expenses, food expenses etc. Because business trip expenses are covered (지급되다, literally: be paid) by the company according to its internal regulations (규정), it is advisable to keep evidences (증빙 서류) of all expenses (지출). As for business trip place and schedule, you should write destination of your visit (방문), contact information of the person in charge in a client company. All this information can be used (활용하다) later on in further business trips. And lastly, you should write plan on how and who will cover for (대행하다) you during a business trip.

Expression for asking the way

Expression pattern practice

회사까지 어떻게 가야 합니까? | How can I get to the company?

공장까지 어떻게 가야 합니까? | How can I get to the factory?

지점까지 어떻게 가야 합니까? | How can I get to the branch office?

본사까지 어떻게 가야 합니까? | How can I get to the HQ(Headquarter)?

Dialogue practice

A: 기차역에 도착했습니다. 지점까지 어떻게 가야 합니까?
I have arrived to the train station. How can I get to the branch office?

B: 네, 기차역에서 2번 트램을 타면 됩니다. 그리고 마지막 정류장에서 내리시면
됩니다. 제가 정류장에서 기다리고 있겠습니다.
Take 2nd tram and get off on the last station. I will be waiting there.

A: 네, 알겠습니다. 시간이 얼마나 걸립니까?
Understood. How long does it take?

B: 30분쯤 걸립니다. 길이 많이 막히니까 택시보다 트램이 더 편할 겁니다.
About 30 minutes. The traffic is heavy, so tram will be more convenient than
taxi.

A: 네, 그럼, 이따가 뵙겠습니다. | Then see you later.

How can I get to ~?

 One step forward

출장을 가게 된다면 알아 두어야 할 비즈니스 예절이 있다. 먼저 복장은 넥타이를 맨 정장을 입는 것이 좋다. 처음에 인사를 할 때는 상대방의 눈을 바라보면서 악수를 하는 것이 좋다. 그리고 소개는 출장 직원 중에서 직위가 가장 높은 사람이 모든 직원을 차례로 소개하면서 악수를 하는 것이 좋다. 출장을 가면 식당에서 같이 식사를 하게 될 경우도 있으니까 그 나라의 음식문화 예절을 미리 확인하고 가는 것도 필요하다. 출장을 갈 때는 한국적 특색이 담긴 작은 기념품을 준비해 가는 것도 다른 나라에서 비즈니스를 하는 데 있어서 좋은 인상을 줄 수 있다.

There are some business etiquette rules (예절) that you need to know when going on a business trip. First, as for dress-code (복장), it is advisable to wear a suit (정장) with a necktie. When you first meet a person, shake his/her hand looking in the eyes. Usually a person with the highest position introduces his colleagues one by one. Also there will be occasions when you will have to have a dinner together in a local restaurant, so it is better to check the country's food culture and etiquette (예절) in advance. You will give a good impression (좋은 인상을 주다) on your counterparts, if you also prepare some small souvenirs (기념품) with Korean distinct features.

Introducing company's product

Expression pattern practice

이 화장품은 저희 회사의 주력 상품입니다.
This cosmetic product is the main product of our company.

이 스마트폰은 저희 회사의 주력 상품입니다.
This smartphone is the main product of our company.

이 전자 제품은 저희 회사의 주력 상품입니다.
This electronic device is the main products of our company.

이 자동차 부품은 저희 회사의 주력 상품입니다.
This automobile part is the main products of our company.

이 약품은 저희 회사의 주력 상품입니다.
This medicine is the main product of our company.

Dialogue practice

가: 그 제품을 간략하게 소개해 주세요. | Please introduce this product in brief.

나: 네, 이 화장품은 저희 회사의 주력 상품입니다. 1년에 1000만 개를 생산하고 있습니다. 그리고 유럽 각 지역에 판매지사도 있습니다.
This cosmetic product is the main product of our company. We produce 10 mln pieces a year and we have stores in every country of Europe.

가: 규모가 큰 회사이군요. 저희 회사와 같이 손을 잡게 되어 기쁘게 생각합니다.
You are a big company. I am glad that we decided to collaborate.

~ is the main product of our company.

나: 네, 앞으로 큰 발전이 있기를 기대하겠습니다.
Yes, I expect a big development in the future.

 One step forward

대한무역투자진흥공사(KOTRA: Korea Trade-Investment Promotion Agency)의 유럽주요국 화장품 시장 동향 보고서(Global Market Report 17-016)를 보면, 유럽 각국에서 한국화장품의 인기가 어느 정도인지를 알 수 있다. 예를 들면, 프랑스에서는 기능성, 바이오, 천연 화장품 등이 인기가 많고, 한국의 스킨케어 제품에 관심이 높다. 독일에서는 건조한 날씨로 인해 보습효과가 우수한 제품과 한국 BB(Blemish Balm) 크림과 CC(Color Correct or complete correction)크림 수요가 높다. 영국에서는 인공 첨가물이 없는 한국화장품 수요가 계속 증가하고 있다. 이탈리아에서는 한국 화장품이 뷰티 블로거를 통한 입소문을 타기 시작하면서 온라인 유통망을 통해 판매되고 있고 마스크팩과 네일 제품이 인기가 많다. 그리고 다른 나라에서도 K-pop 인기에 힘입어 한국화장품의 판매실적이 매년 크게 증가하고 있다.

If you look on the Global Market Report 17-016 (동향 보고서) on European cosmetics market prepeared by KOTRA (Korea Trade-Investment Promotion Agency, 대한무역투자진흥공사) you can see how popular Korean cosmetics are in the European countries. For example, in France functional bio natural cosmetics (천연 화장품) are very popular and there is a big interest (관심) in Korean skin care products. In Germany due to dry climate there is a high demand (수요) for moustarising products and also for Korean BB (Blemish Balm) creams and CC (Color Correct or complete correction) creams. In England the demand is continuously rising (수요가 계속 증가하고 있다) for Korean cosmetics with no synthetic components. In Italy Korean cosmetics became popular through word of mouth (입소문) after one beauty bloger made a review on it. Now there is online distribution net (유통망), and the most popular products are mask packs and nail products. In other countries sales (판매실적) of Korean cosmetics are growing every year partially due to K-pop popularity.

Expression used when sending a product list, samples etc.

Expression pattern practice

우선 제품 목록을 보내드릴 수 있습니다. | First, I can send you our product list.

우선 샘플을 보내드릴 수 있습니다. | First, I can send you our samples.

견적서를 보내드릴 수 있습니다. | I can send you proforma invoice.

신제품 개발 현황서를 보내드릴 수 있습니다. |
I can send you a report on new product development status.

Dialogue practice

가: 혹시 제품 목록이 있습니까? | Do you have product list?

나: 네, 있습니다. 세부 목록은 내일까지 보내드릴 수 있습니다. |
   Yes, I can send you detailed product list until tomorrow.

가: 그러면, 내일까지 부탁드리겠습니다. | Yes, please, until tomorrow.

나: 알겠습니다. 빨리 보내드리겠습니다. | Understood, I will send shortly.

I can send you ~.

 One step forward

해외출장 중에 현지인과 만나 이야기를 하거나 식사를 할 때 주의해야할 몸짓언어 (body language)와 손짓(gesture)들이 있다. 미국으로 출장을 갈 경우에는 처음에 악수를 할 때 상대방의 눈을 봐야 한다. 눈을 마주치지 않고 다른 곳을 보게 되면 실례가 된다. 베트남에서는 식사를 할 때 대접하는 차를 거부하게 되면 무례한 행동이 된다. 영국에서는 손등을 상대방으로 향하게 하고 V자를 하는 손짓은 모욕적인 의미를 가지고 있다. 특히, 영국에서는 사진을 찍을 때 이 손짓을 하게 되면 상대방에게 욕을 먹을 수도 있다. 브라질에서는 손가락으로 원을 그리는 몸짓언어를 사용하면 안 된다. 한국에서는 이것이 돈이나 긍정의 의미로 사용되지만 브라질에서는 모욕적인 의미로 사용된다.

There are some body language (몸짓언어) and gestures (손짓) that you should be aware of when talking to or eating together with local people during your business trip. In America you should look in the eyes when you shake hands. It is rude (실례) to have a look not in the eyes but on some other direction. It is disrespectful (무례한 행동) in Vietnam not to accept tea treated (대접하다) during meal. Showing "V" sign by your fingers with the back of your hand turned to your counterpart has offencing (모욕적인) meaning in England. Especially, you can be criticized (욕을 먹다) if you show this sign when you take a picture. In Brazil you should not use gesture showing a circle with your thumb and index finger. In Korea it has a meaning of money or affirmation (긍정), but in Brazil it has offensive meaning.

~에 대해 협력하기를 바라겠습니다.

Expression for expressing a wish for collaboration

Expression pattern practice

미래에 자동차 부품에 대해 협력하기를 바라겠습니다.
I want us to collaborate on automobile components in the future.

이 프로젝트에 대해 협력하기를 바라겠습니다.
I want us to collaborate on this project.

공장 건설에 대해 협력하기를 바라겠습니다.
I want us to collaborate on the plant construction.

법인 설립에 대해 협력하기를 바라겠습니다.
I want us to collaborate on a company establishment.

Dialogue practice

A: 앞으로 같이 일하게 되어 기쁩니다. I am glad that we will work together.

B: 먼저, 해외 지사 법인 설립에 대해 협력하기를 바라겠습니다.
First, I want us to collaborate on a foreign branch company establishment.

A: 걱정하지 마십시오. 우리 회사는 이미 표준제품생산 인증을 받았습니다.
Don't worry. Our company has already received a certificate of conformity.

B: 앞으로 잘 부탁드리겠습니다. I look forward to your kind cooperation.

I want us to collaborate on ~.

 One step forward

유럽에서 규정하고 있는 일반적인 법인 회사에는 투자자가 회사의 모든 책임을 갖는 합명회사(Unlimited Partnership), 회사 구성원들도 회사에 책임을 갖는 합자회사(Limited Partnership), 회사 구성원의 투자 자금으로 등록이 되는 유한책임회사(Limited Liability Company), 대기업이 주로 설립하는 주식회사(Joint Stock Company), 협동조합(Cooperatives) 및 유럽연합 내 특수한 형태의 법인인 유럽회사(European Company), 유럽경제투자그룹(European Economic Interest Grouping), 유럽협동사회(European Cooperative Society) 등이 있다.

In Europe there are different kind of companies: Unlimited Partnership (합명회사), in which at least two partners participate in its business activities or in the management of its assets and being jointly and severally liable for its debts, Limited Partnership (합자회사), which consisting of a general partner, who manages the business and has unlimited personal liability for the debts and obligations of the Limited Partnership, and a limited partner, who has limited liability but cannot participate in management, Limited Liability Company (유한책임회사), in which partners are liable up to the amount they invested, Joint Stock Company (주식회사), which is the usual form for big corporations, Cooperatives (협동조합) and other kinds of companies that are specific for European Union, for example: European Company (유럽회사), European Economic Interest Grouping (유럽경제투자그룹), European Cooperative Society (유럽협동사회) etc.

단어(Vocabulary)

11과에서 배운 중요 단어 확인하기(Checking main vocabulary from Unit 11)

Write in English the meaning of the following words.

1. 방문 _____
2. 예상 _____
3. 유통망 _____
4. 항공편 _____
5. 공장 _____
6. 지점 _____
7. 미중 _____
8. 약품 _____
9. 생산 _____
10. 예절 _____

Match the words with the same meaning

1. detailed   • 편하다
2. develop   • 유명하다
3. corporate body   • 발전하다
4. hold a hand / go hand in hand / cooperate   • 기대하다
5. current situation   • 세부
6. expect   • 건설
7. comfortable / convenient   • 협력
8. cooperation   • 법인
9. construction   • 현황
10. famous   • 손을 잡다

문장(Sentense)

11과에서 배운 중요 문형 표현을 문장으로 쓰고 말하기
(Translate the sentences using expression patterns learned in Unit 11)

Expression patterns

1. I am going on a business trip to Korea.

   _____

2. Could you please go to the airport to pick [me / somebody] up?

   _____

3. Tell me your flight number.

   _____

4. How can I get to the company?

   _____

5. How long does it take?

   _____

6. Our company is famous for the automatized the production line.

   _____

7. I am glad for our cooperation.

   _____

8. I will send you right away.

   _____

9. I want us to collaborate on the plant construction.

   _____

10. I look forward to your kind cooperation.

   _____

Comprehensive Practice (종합 연습)

Business trip

Write a correct expression in brackets

대리: 최 과장님, 다음 주에 부장님과 1. (＿＿＿＿＿＿).

거래처: 다음주 언제쯤 출발하실 예정입니까?

대리: 월요일 오전에 출발할 겁니다. 혹시 2. (＿＿＿＿＿＿)?

거래처: 네, 마중나가겠습니다. 3. (＿＿＿＿＿＿)?

대리: 화요일 오후 3시 도착 예정입니다. 항공편은 RUS2020입니다.

거래처: 네, 알겠습니다. 그럼, 화요일에 공항에서 뵙겠습니다.

    4. (＿＿＿＿＿＿).

대리: 네, 오늘 제품 목록을 이메일로 보내드리고 출장 갈 때 신상품 목록을
가져 가겠습니다.

거래처: 네, 알겠습니다. 다음주에 뵙겠습니다.

Keys

1. We will go on a business trip to meet your company and sign a contract.

2. Could you please come to the airport and pick us up?

3. Could you please tell me your flight number?

4. Could you please take with you the product list as well?

Unit 12

Vacations 휴가

● ○ ○

휴가 신청하기
Asking for vacations

01. ~을/를 ~아/어/여도 될까요? / May I ~?

02. ~때문에 ~ 휴가를 냈습니다. / I took vacations because of ~.

03. ~아/어/여서 ~을/를 내기로 했습니다. / I have decided to take ~ because of ~.

04. ~ 을/를 하고/한 후에 제출하겠습니다. / I will ~ and submit ~ /
    After ~ I will submit.

Applying for a vacation

 Expression pattern practice

내일 반차를 신청해도 될까요? | May I apply for a half day off tomorrow?

금요일에 경조 휴가를 신청해도 될까요? |
May I apply for family event (literally: congratulations | condolences event) vacation on Friday?

내일 병가를 신청해도 될까요? | May I apply for a sick leave tomorrow?

연차 휴가를 신청해도 될까요? | May I apply for an annual vacation?

다음 달부터 육아 휴직을 신청해도 될까요? |
May I apply for maternity leave from the next month?

 Dialogue practice

A: 이틀 동안 연장 근무를 하였습니다. 보상 휴가를 신청해도 될까요? |
I worked overtime for two days. May I apply for compensational vacation?

B: 네, 보상 휴가를 신청해도 됩니다. |
Yes, you can apply for compensational vacation.

A: 그럼, 내일 보상 휴가를 신청하겠습니다. | Then I will apply for tomorrow.

B: 알겠습니다. 그럼, 연장근무 확인서를 제출하세요. |
Please submit overtime work confirmation.

May I ~?

 One step forward

시간외 근로수당(overtime work allowance)은 연장근로, 휴일근로, 야간근로에 대해 지급하는 수당을 말한다. 보통 한국 회사에서 수당을 지급할 때는 근로기준법 53조(Article 53 of the Labor Standards Act)에 명시되어 있는 규정을 따라야 한다. 연장근무 수당은 근로계약서에 정해진 일정 근로시간 이상 근무할 경우에 지급하는 수당이다. 휴일근로 수당은 근무 의무일이 아닌 휴일에 근무할 경우에 지급하는 수당이다. 야간근로 수당은 밤 10시부터 오전 6시 사이의 근무에 대하여 지급하는 수당이다.

Overtime work allowance (시간외 근로수당) is an allowance paid for prolonged work (연장근로), work on weekends (휴일근로), and nighttime work (야간근로). Korean companies must follow Article 53 of the Labor Standards Act (근로기준법) when paying (지급하다) an allowance. Prolonged work allowance is an allowance paid for working above the time fixed in the contract. Weekend work allowance is an allowance paid for working on weekends when there is no obligation to work on these days (근무 의무일이 아니다). Nighttime work allowance (야간근로) is an allowance paid for working from 10 p.m. to 6 a.m.

~ 때문에 ~ 휴가를 냈습니다.

Expression for telling a reason for going on vacations (used for the past, with negative meaning)

Expression pattern practice

휴일 근무 **때문에** 보상 휴가를 **냈습니다.**
I took compansational vacations **because of** weekend work.

병원 치료 **때문에** 연차 휴가를 **냈습니다.**
I took annual vacations **because I needed** hospital treatment.

빙부상 **때문에** 경조 휴가를 **냈습니다.**
I took family event vacations **because my** father-in-law passed away.

모친상 **때문에** 경조 휴가를 **냈습니다.**
I took family event vacations **because my** mother passed away.

Dialogue practice

A: 김 대리, 오빠 결혼식이 언제라고 했죠?
Assistant manager Kim, when is your elder brother's wedding ceremony?

B: 이번주 토요일입니다. 그래서 경조 휴가를 냈습니다.
On this Saturday. That's why I took family event vacations.

A: 정말 축하합니다. 가족과 즐거운 추억을 만드세요.
Congratulations. Hope you will have pleasant time (literally: make pleasant memories) with your family.

B: 고맙습니다, 과장님. Thank you, manager.

I took vacations because of ~.

 One step forward

한국 회사에서 낼 수 있는 근로기준법제 43조에 명시되어 있는 경조휴가 규정은 다음과 같다. 먼저, 직원 본인이 결혼할 경우에는 일요일을 제외하고 5일 동안의 휴가를 받을 수 있다. 그리고 직원 자녀 결혼은 일요일을 제외하고, 형제·자매 결혼은 일요일을 포함하여 1일의 휴가를 받을 수가 있다. 부모 및 배우자의 사망은 일요일을 제외하고 4일 동안의 휴가를 받을 수 있고, 배우자 부모가 사망했을 경우에는 일요일을 제외하고 3일 동안의 휴가를 사용할 수가 있다. 그리고 조부모가 사망했을 경우에는 일요일을 포함하여 3일 동안의 휴가를 사용할 수 있다.

Regulations on family event vacations (경조휴가) are stated (명시되다) in the Article 43 of the Labor Standards Act of the Republic of Korea. First, if an employee him/herself is getting married he/she can use 5 days off, excluding (제외하다) Sunday. If it is a wedding of an employee's children - 1 day off, excluding Sunday. If it is a wedding of an employee's brother or sister (형제·자매) - 1 day off, including Sunday. In case a spouse or parents of an employee passed away (사망, literally: death), he/she can use 4 days off, excluding Sunday. In case parents of an employee's spouse passed away 3 days off, excluding Sunday. If grandparents (조부모) passed away - 3 days, including Sunday.

Expression for telling a reason for taking vacations (used both in positive and negative meanings)

Expression pattern practice

다음주에 결혼을 해서 휴가를 내기로 했습니다.
I have decided to take vacations because I am marrying next week.

집안 어르신이 돌아가셔서 휴가를 내기로 했습니다.
I have decided to take vacations because an elder in our family passed away.

내일 중요한 시험이 있어서 반차를 내기로 했습니다.
I have decided to take a half day-off because I have an important exam tomorrow.

병원에서 검사를 받아야 해서 병가를 내기로 했습니다.
I have decided to take sick leave because of medical check-up.

Dialogue practice

A: 괜찮으세요? 많이 피곤해 보입니다. Are you OK? You look very tired.

B: 네, 몸이 좀 안 좋아서 병가를 내기로 했습니다.
Yes, I do not feel good, so I have decided to take a sick leave.

A: 병원에서 자세하게 검사를 받아보세요.
Have a detailed medical check-up at the hospital.

B: 네, 검사 받으러 내일 병원에 갈 겁니다.
Yes, I will go to the hospital tomorrow to have medical check-up.

I have decided to take ~ because of ~.

 One step forward

유럽에 있는 회사의 유급휴가일수는 보통 25일에서 30일 정도이다. 이 유급휴가에는 법정공휴일은 포함되지 않는다. 회사의 휴가일수가 많을뿐만 아니라 연속으로 2주일이상을 사용할 수도 있다. 예를 들면, 프랑스와 스페인은 30일, 독일과 영국은 28일, 오스트리아, 스위스, 네덜란드 등은 25일, 폴란드는 26일의 휴가일을 사용하고 있다. 이와 비교하면 한국 회사는 근로기준법에 1년이상 근무한 직원은 15일의 휴가를 사용할 수 있다고 명시되어 있다.

European companies usually provide about 25~30 days of paid vacations (유급휴가일수). This number does not include official holidays set by law (법정공휴일). And not only the number of vacations days is big; employees can take more than two weeks in a row (연속으로) at a time. For example, the number of vacation days in France and Spain is 30 days, in Germany and UK - 28, in Austria, Switzerland, and Netherlands - 25 days, in Poland - 26. In comparison, in Korean Labor Standards Act it is stated (명시되다) that for an employee who worked over a year an annual leave is 15 days.

Expression used when submitting an application for vacation.

 Expression pattern practice

휴가 규정을 확인하고 휴가 신청서를 제출하겠습니다.
I will check regulations and submit vacation application.

휴가 중 직무 대행자를 선임하고 휴가 신청서를 제출하겠습니다.
I will appoint a person who will act for me on vacation and submit a vacation application.

휴가 신청 사유를 작성하고 휴가 신청서를 제출하겠습니다.
I will write a reason and submit vacation application.

부서장의 결재를 받은 후에 휴가 신청서를 제출하겠습니다.
After I get authorization from the head of the department, I will submit vacation application.

 Dialogue practice

A: 다음주에 연차 휴가를 사용하려고 합니다.
I am going to take vacations next week.

B: 휴가 신청서를 작성해서 주세요. 그리고 부장님의 승인을 받으세요.
Please submit an application and get approval from general manager.

A: 네, 부장님의 결재를 받은 후에 신청서를 제출하겠습니다.
Yes, I will submit an application after I get approval from general manager.

B: 부장님이 다음달에 출장을 가시니까 미리 준비하세요.

I will ~ and submit ~ / After ~ I will submit.

Prepare it in advance because general manager is going on a business trip next month.

A: 네, 알겠습니다. │ Yes, understood.

 One step forward

외국인 직원이 한국기업에서 근무를 하면서 기업문화의 차이를 느끼게 되는 경우가 있다. 이것은 한국기업의 규정이나 시스템의 차이에서 느끼게 되는 한국기업 특유의 조직문화에서 오는 경우가 많다. 그리고 한국직원과 외국직원이 살아온 환경, 역사, 문화가 다름으로 인해 발생하는 경우가 많다. 외국직원에게 한국기업의 조직문화만을 강요한다거나 외국직원이기 때문에 한국 직장문화가 다르다는 것을 인정하지 않으려고 한다면 한국회사에서 일하는 것은 본인뿐만 아니라 회사의 발전에도 도움이 되지 않을 것이다. 직장문화가 서로 다른 것을 인정하고 한국기업의 직장문화를 함께 만드는 것이 본인과 회사 발전을 위하여 필요할 것이다.

When a foreigner works in a Korean company he/she can often feel difference in corporate culture. Uniqueness of Korean corporate culture (조직문화) can be felt because corporate system and internal regulations (규정) are different (차이, literally: difference), and also backrounds (환경), history (역사), and culture (문화) of Korean and foreign employees are different as well. A foreigner needs to understand and should not think that Korean corporate culture is strongly imposed on employees just because it is a Korean company or if you are a foreigner then it is OK for you not to accept the difference of the corporate culture. Otherwise working in a Korean company will not help to neither personal development (발전), nor to the company's development. It is important to admit (인정하다) the differences and participate in the formation of the Korean corporate culture together which will help to the development (발전) of the both, an employee and a company.

단어(Vocabulary)

12과에서 배운 중요 단어 확인하기(Checking main vocabulary from Unit 12)

Write in English the meaning of the following words.

1. 육아 _____
2. 휴직 _____
3. 경조 _____
4. 반차 _____
5. 병가 _____
6. 연차 _____
7. 보상 _____
8. 휴일 _____
9. 추억 _____
10. 검사 _____

Match the words with the same meaning

1. regulation   • 집안
2. a fill-in   • 어르신
3. a head of a department   • 돌아가시다
4. appoint / select   • 규정
5. pass away   • 직무
6. write   • 대행자
7. reason   • 선임
8. family / home   • 사유
9. job/duty   • 부서장
10. elder   • 작성하다

12과에서 배운 중요 문형 표현을 문장으로 쓰고 말하기
(Translate the sentences using expression patterns learned in Unit 12)

Expression patterns

1. May I apply for compensational vacation?

_____

2. Please submit overtime work confirmation.

_____

3. I took vacations because of my little brother/sister's wedding.

_____

4. Hope you will have pleasant time (make pleasant memories) with your family.

_____

5. I have decided to take a sick leave because I do not feel good.

_____

6. I will go to the hospital tomorrow to have a medical check-up.

_____

7. Please write a reason and submit vacation application.

_____

8. General manager is on business trip.

_____

9. You / he / she look(s) tired.

_____

10. I worked overtime for two days.

_____

Vacation application

Write a correct expression in brackets

대리: 많이 1. (＿＿＿＿＿＿). 괜찮으세요?

신입사원: 지난 주에 야근을 해서 감기에 걸렸습니다.

대리: 병원에 가서 진료를 받아 보세요.

신입사원: 네, 그래서 2. (＿＿＿＿＿＿).

대리: 병원 예약은 했어요? 언제쯤 갈 거예요?

신입사원: 네, 다음주 화요일로 예약했습니다.

대리: 빨리 진료를 받는 게 좋겠어요.

　　　내일이 금요일이니까 3. (＿＿＿＿＿＿).

신입사원: 네, 금요일에 4. (＿＿＿＿＿＿).

대리: 건강 잘 챙기세요.

Keys

1. You look (very) tired.

2. I have decided to take sick leave.

3. After you get treatment at the hospital have a good rest.

4. I will check if it is possible to make reservation on (Friday).

Appendix 부록

확인하기 1 Check 1

확인하기 2 Check 2

종합 연습 Comprehensive practice

정답 (Answers)

Write in English the meaning of the following words.

1. 전공	major
2. 본사	headquarters
3. 지사 (지점)	branch office
4. 인사부 (팀)	HR department
5. 총무부	administration department
6. 연봉	annual salary
7. 복지	welfare aid
8. 급여	salary
9. 근무 시간	working hours
10. 지원	support

Match the words with the same meaning

1. Branch office	• 지사
2. Benefit	• 혜택
3. Overseas sales department	• 해외사업부
4. Trading company	• 무역회사
5. Administrating	• 관리
6. Culture center	• 문화원
7. Accomodation cost	• 숙박비
8. Flight ticket price	• 항공료
9. Continuous employment	• 근속
10. Paid	• 유급

Expression patterns

1. 제 이름은 라지즈입니다.

2. 저는 P대학교에서 한국어학을 전공했습니다.

3. 대학교에서 무엇을 전공했습니까?

4. 한국회사에서 일한 적이 있습니까?

5. 얼마동안 회사에서 일했습니까?

6. 저는 총무부(팀)에서 일하고 싶습니다.

7. 직원 혜택에 대하여 물어봐도 될까요?

8. 회사 휴가제도에 대하여 알고 싶습니다.

9. 도움이 필요하면 언제든지 이야기하세요.

10. 근무시간은 어떻게 됩니까?

1. 제 이름은 레나르입니다.

2. H회사에 지원했습니다.

3. 부서에 대해 말해주세요.

4. 회사 근무시간에 대해 질문해도 될까요?

5. 한 가지 더 여쭤봐도 될까요?

6. 친절한 안내 고맙습니다.

정답 (Answers)

Write in English the meaning of the following words.

1. 지원하다	apply
2. 역할	role
3. 책임	responsibility
4. 경력	work experience
5. 제품	product
6. 경험	experience
7. 장점	advantage / pro/ plus
8. 관리자	administrator
9. 전문가	specialist
10. 최선	the best

Match the words with the same meaning

1. promotion	• 승진(진급)
2. atmosphere	• 분위기
3. aim/goal	• 목표
4. concentration	• 집중력
5. head / chief of team / department	• 부서장
6. opinion	• 의견
7. period	• 기간
8. weakness/drawback/con	• 단점
9. chance / opportunity	• 기회
10. optimistic	• 긍정적

Expression patterns

1. 영업부에 지원한 라지즈입니다.

2. 저는 부서의 책임자가 되고 싶습니다.

3. 본인의 최종 목표는 무엇입니까?

4. 우리 부서에서 무슨 업무를 맡고 싶습니까?

5. 부서를 책임지는 과장이 되고 싶습니다.

6. 저의 가장 큰 장점은 긍정적인 성격입니다.

7. 저의 목표는 이 분야에서 전문가가 되는 것입니다.

8. 앞으로 어떤 계획이 있습니까?

9. 저에게 면접 기회를 주셔서 고맙습니다.

10. A회사에서 일할 수 있는 기회가 주어진다면 최선을 다하겠습니다.

1. 영업부서에 지원한 모니카입니다.

2. 전공이 무엇입니까?

3. A회사에 지원한 동기는 무엇입니까?

4. 한국회사에서 일한 경험이 있습니까?

5. 장점에 대해 말해 보세요.

6. 일할 수 있는 기회를 주신다면 최선을 다해 일하겠습니다.

정답 (Answers)

Check 1

Write in English the meaning of the following words.

1. 수당	extra pay / allowance
2. 승진	promotion
3. 연장근무	overtime work
4. 출장	business trip
5. 거래처	client
6. 배웅	see off
7. 참석	participate
8. 교통사고	car accident
9. 죽다(돌아가시다)	die / pass away
10. 보고	report

Match the words with the same meaning

1. Something urgent	• 일
2. Report(written)	• 보고서
3. Client	• 거래처
4. Agenda	• 의제
5. Talk (face-to-face)	• 면담
6. Product	• 제품
7. Write	• 작성
8. Absence (from work)	• 결근
9. Excuse	• 핑계
10. Delivery	• 배송

Check 2

Expression patterns

1. 영업부 근무시간은 오전 9시부터 오후 5시까지입니다.

2. 일이 많을 때는 어떻게 합니까?

3. 실례지만, 내일 출장 때문에 먼저 퇴근하겠습니다.

4. 화요일까지 이 일을 마무리해 주세요.

5. 아침에 중요한 회의가 있으니까 내일 일찍 출근해 주세요.

6. 부서의 모든 직원이 참석할 거예요.

7. 어제 갑자기 교통사고가 나서 결근했어요.

8. 어제 왜 결근했습니까?

9. 보고서가 늦어져서 죄송합니다.

10. 늦어도 목요일까지는 보고서를 준비하겠습니다.

Comprehensive practice

1. 중요한 회의가 있으니까 일찍 출근하세요.

2. 회의 준비를 해야 하니까 8시까지 출근해야 합니다.

3. 늦어서 죄송합니다.

4. 갑자기 교통사고가 나서 늦었습니다.

정답 (Answers)

Check 1

Write in English the meaning of the following words.

1. 자료	material / document
2. 계획서	plan
3. 출력	print
4. 발표	presentation
5. 참고	refer / reference
6. 회의록	meeting minutes
7. 제출	submit
8. 결재	authorization / approval
9. 환영	welcome
10. 회식	corporate dinner

Match the words with the same meaning

1. shredder	• 파쇄기
2. junior	• 후임
3. multipurpose room / office kitchen	• 다용도실
4. notice board	• 게시판
5. kindness	• 친절
6. secretary office	• 비서실
7. tour / guide	• 안내
8. senior	• 선임
9. public relations department office	• 홍보실
10. interest	• 관심

Check 2

Expression patterns

1. 언제까지 회의자료를 출력해야 될까요?

2. 회의 참가자가 모두 몇 명인지 아세요?

3. 이 보고서를 언제까지 제출해야 하나요?

4. 중요한 보고서이니까 내일까지 체출하세요.

5. 비서실은 어디에 있습니까?

6. 홍보실은 어디에 있습니까?

7. 이메일 회신에 감사합니다.

8. 모든 부서에 알려야 합니까?

9. 제품에 대한 관심에 고맙습니다.

10. 회사를 위하여 최선을 다하겠습니다.

Comprehensive practice

1. 회의 안건을 회사 게시판에 공지하세요.

2. 회사 게시판 프로그램 사용 방법을 가르쳐주시면 고맙겠습니다.

3. 회의 장소는 결정이 되었나요?

4. 중요한 회의니까 내가 먼저 게시판에 알릴게요.

정답 (Answers)

Write in English the meaning of the following words.

1. 회의실	conference room
2. 영업이익	operating income
3. 메시지	a message
4. 공지	a notice
5. 참석 여부	participate or not
6. 안건	an issue (on agenda)
7. 담당자	person in charge
8. 성함	name (honorific form)
9. 연락처	contact information
10. 방금	just now / a moment ago

Match the words with the same meaning

1. leave (a message)	• 남기다
2. date and time	• 일시
3. process (of the work)	• 진행 상황
4. product	• 제품
5. client	• 거래처
6. work outside of the office	• 외근
7. brochure	• 설명서
8. schedule	• 일정
9. a talk over a phone	• 통화
10. purpose / matter	• 용건

Check 2

Expression patterns

1. 일정을 말씀드리려고 전화드렸습니다.

2. 제품 설명서를 받았는지 확인하려고 전화드렸습니다.

3. 김 대리와 통화할 수 있을까요?

4. 지금 자리에 안 계십니다.

5. 무슨 일로 전화하셨습니까?

6. 언제 통화할 수 있을까요?

7. 연락처를 남기시겠습니까?

8. 회의 장소를 다시 말씀해주시겠습니까?

9. 참석자가 10명이라고 전해주시겠습니까?

10. 참석 여부를 다시 한번 확인하고 싶습니다.

Comprehensive practice

1. 박 과장님과 통화할 수 있을까요?

2. 외근 중이십니다.

3. 메시지를 남기시겠습니까?

4. 전화했다고 전해주시겠습니까?

5. 시간을 다시 말씀해 주시겠습니까?

6. 그렇게 전하겠습니다.

정답 (Answers)

Check 1

Write in English the meaning of the following words.

1. 발송	ship / send
2. 보고	report
3. 수신	receiver / addressee
4. 수량	amount
5. 신상품	new product
6. 전시회	exhibition
7. 회신	reply (email)
8. 견적서	price estimate / proforma invoice
9. 지원서	application
10. 이력서	curriculum vitae

Match the words with the same meaning

1. reference	• 참조
2. employees of a department	• 부서원
3. secretary	• 비서
4. attachment	• 첨부
5. to contact	• 연락하다
6. be healthy	• 건승하다
7. to move	• 이동하다
8. being out (of office)	• 부재 중
9. customer center	• 고객센터
10. meeting minutes	• 회의록

Expression patterns

1. 일정을 확인하려고 이메일을 씁니다.

2. 확인 후에 바로 연락드리겠습니다.

3. 이메일 수신 여부에 대해 문의드립니다.

4. 내일 오전에 다신 연락드리겠습니다.

5. 어떤 서류를 준비해야 합니까?

6. 지원서와 이력서를 보내주십시오.

7. 이메일을 보낼 때 김 대리도 참조로 넣어주세요.

8. 제품 목록을 첨부합니다.

9. 연락처는 다음과 같습니다.

10. 부재중에는 제 비서에게 연락주십시오.

1. 이메일을 보냈는데 회신이 없습니다.

2. 이메일을 보낼 때 저도 참조로 넣어주세요.

3. 담당자가 부재중이어서 김 과장님이 회신을 주었습니다.

4. 김 과장님 회신을 전달해 주세요.

정답 (Answers)

Check 1

Write in English the meaning of the following words.

1. 식품	food
2. 의약품	drug / medicine
3. 승인	approval
4. 인증	certification
5. 절차	procedure
6. 마무리	to finish
7. 결재	authorization
8. 제출	submit
9. 수당	extra pay / allowance
10. 마감일	deadline

Match the words with the same meaning

1. no later than	• 늦어도
2. special	• 특별
3. mistake	• 실수
4. advantage/plus/pros	• 장점
5. anytime	• 언제든
6. wrong	• 틀리다
7. (do one's) best	• 최선
8. check / confirm	• 확인
9. underline	• 밑줄
10. question	• 질문

Expression patterns

1. 보고서는 잘 되어가고 있습니까?

2. 인증 준비는 잘 되어가고 있습니까?

3. 이번주까지 끝낼 수 있을 겁니다.

4. 다음주 월요일까지 보고서를 마무리하겠습니다.

5. 늦어도 오후까지 제출해 주세요.

6. 주문 확인에 관한 결재 부탁드립니다.

7. 일정을 다시 한번 확인하겠습니다.

8. 이해가 안 되거나 질문이 있으면 언제든지 질문하세요.

9. 마감일을 다시 한번 확인하겠습니다.

10. 확인 후에 바로 연락드리겠습니다.

1. 보고서는 잘 진행되고 있습니까?

2. 늦어도 오후까지 제출해 주세요.

3. 오후까지 마무리하겠습니다.

4. 수량도 다시 한번 확인하세요.

정답 (Answers)

Check 1

Write in English the meaning of the following words.

1. 판매	sales
2. 예산	budget
3. 논의	discuss
4. 요약본	summary
5. 전략	strategy
6. 전반기	first half-year
7. 동의	agree
8. 퇴근	finish work / go home from work
9. 예정	be expected to
10. 제안	proposal / suggestion

Match the words with the same meaning

1. first of all	• 먼저
2. tell/say (honorific form)	• 말씀하다
3. finish	• 마치다
4. strategy	• 전략
5. problem	• 문제
6. propose	• 제안하다
7. be gathered	• 모이다
8. solution	• 해결
9. finish	• 끝나다
10. fix a date	• 날짜를 정하다

Check 2

Expression patterns

1. 판매 계획을 논의하려고 오늘 모였습니다.

2. 이어서 계속 이야기를 하겠습니다.

3. 오늘 이야기할 안 건이 두 개 있습니다.

4. 여러분이 동의하시면 그렇게 하겠습니다.

5. 점심시간 전까지 회의를 마칠 예정입니다.

6. 회의가 언제쯤 끝날까요?

7. 회의 후에 같이 점심식사를 할까요?

8. 이 문제에 대해 어떻게 생각하십니까?

9. 끝나기 전에 하실 말씀이 있습니까?

10. 다음 회의는 금요일 오전에 있을 겁니다.

Comprehensive practice

1. 판매 전략을 논의하려고 오늘 모두 모였습니다.

2. 같이 논의할 안건은 모두 3개입니다.

3. 늦어도 점심시간 전까지 회의를 마칠 겁니다.

4. 회의를 마치기 전에 질문이 있습니까?

5. 다음 회의는 금요일 오전에 있을 예정입니다.

정답 (Answers)

Check 1

Write in English the meaning of the following words.

1. 홍보	promotion
2. 영상	video
3. 유감	be sorry
4. 기능	function
5. 공유	share
6. 행사	event
7. 인사 이동	staff reorganization
8. 부고	obituary notice
9. 소식	news
10. 임종	die / pass aaway

Match the words with the same meaning

1. result   • 성과
2. prudent condolences   • 삼가 조의
3. Transfer to a new job position (An order of appointment)   • 발령
4. extension / prolongation   • 연장
5. condole / console   • 위로
6. promotion   • 승진
7. funeral   • 장례식
8. grief / being devastated   • 상심
9. death of a father   • 부친상
10. the dead   • 고인

Check 2

Expression patterns

1. 직원 분들은 모두 회사 게시판을 확인해 주세요.

2. 부서원들과 아이디어를 공유해 주세요.

3. 회사 게시판에 정보를 바로 올리겠습니다.

4. 회사 정보를 공유해주세요.

5. 결혼식은 2월에 있을 예정입니다.

6. 부친상 소식을 듣게 되어 유감입니다.

7. 위로의 말씀 고맙습니다.

8. 장례식은 A병원에서 있을 예정입니다.

9. 뭐라고 말씀드려야 할지 모르겠습니다.

10. 승진을 축하드립니다.

Comprehensive practice

1. 승진을 진심으로 축하드립니다.

2. 영업부로 옮기실 예정이라고 들었습니다.

3. 인사 이동 공지가 있을 예정입니다.

4. 업무 내용을 나에게 공유해 주세요.

정답 (Answers)

Write in English the meaning of the following words.

1. 회식		corporate dinner
2. 모임		gathering
3. 환영식		welcoming ceremony
4. 노래방		karaoke
5. 차 (1차, 2차)		round
6. 인정		admit / acknowledge
7. 건배		toast
8. 선창		start off / lead
9. 외치다		shout out
10. 실례		trust

Match the words with the same meaning

1. strong alcohol	• 독한 술
2. everybody	• 모두
3. for	• 위하여
4. preparation	• 준비
5. after a long time (first time in a long period)	• 오랜만에
6. pleasant / enjoyable	• 즐겁다
7. important	• 중요하다
8. get up / leave	• 일어나다
9. really	• 정말
10. early	• 일찍

Expression patterns

1. 오늘 회식은 어디에서 있습니까?

2. 몇 시까지 가야 합니까?

3. 내일 회의 준비 때문에 오늘 모임에는 참석하기 어렵습니다.

4. 출장 잘 다녀오세요.

5. 오늘 회식은 한국식당으로 하겠습니다.

6. 다같이 건배하겠습니다.

7. 저는 소주를 못 마십니다. 맥주를 마시겠습니다.

8. 오늘 회식 자리가 정말 즐거웠습니다.

9. 부서원들과 서로 잘 알게 되었습니다.

10. 실례지만, 20분 후에 먼저 나가겠습니다.

1. 닭갈비로 하겠습니다.

2. 저는 소주를 못 마십니다.

3. 같이 건배합시다.

4. 가족 같은 느낌이 들었습니다.

정답 (Answers)

Write in English the meaning of the following words.

1. 방문　　　　　visit
2. 예상　　　　　estimate / expect
3. 유통망　　　　distribution net
4. 항공편　　　　flight
5. 공장　　　　　plant / factory
6. 지점　　　　　branch office
7. 마중　　　　　pick up (somebody at airport / train station etc.)
8. 약품　　　　　drug / medicine
9. 생산　　　　　production
10. 예절　　　　　manners, etiquette

Match the words with the same meaning

1. detailed　　　　　　　　　　• 세부
2. develop　　　　　　　　　　• 발전하다
3. corporate body　　　　　　　• 법인
4. hold a hand/ cooperate　　　• 손을 잡다
   (go hand in hand)
5. current situation　　　　　　• 현황
6. expect　　　　　　　　　　　• 기대하다
7. comfortable / convenient　　• 편하다
8. cooperation　　　　　　　　• 협력
9. construction　　　　　　　　• 건설
10. famous　　　　　　　　　　• 유명하다

Check 2

Expression patterns

1. 한국으로 출장을 갑니다.

2. 공항으로 마중나와 주실 수 있습니까?

3. 항공편을 알려 주세요.

4. 회사까지 어떻게 가야합니까?

5. 시간이 얼마나 걸립니까?

6. 우리회사는 자동화 생산으로 유명합니다.

7. 같이 손을 잡게되어 기쁩니다.

8. 빨리 보내드리겠습니다.

9. 공장 건설에 대해 협력하기를 바랍니다.

10. 앞으로 잘 부탁드리겠습니다.

Comprehensive practice

1. 계약차 귀사로 출장을 갈 겁니다.

2. 공항으로 마중나와 주실 수 있습니까?

3. 항공편이 어떻게 됩니까?

4. 오실 때 제품 목록도 부탁드립니다.

정답 (Answers)

Check 1

Write in English the meaning of the following words.

1. 육아   infant care
2. 휴직   leave of absence
3. 경조   family event / congratulations or condolences event
4. 반차   half day-off
5. 병가   sick leave
6. 연차   annual leave
7. 보상   compensational
8. 휴일   holiday
9. 추억   memories
10. 검사   check-up / examination / inspection

Match the words with the same meaning

1. regulation   • 규정
2. a fill-in   • 대행자
3. a head of a department   • 부서장
4. appoint / select   • 선임
5. pass away   • 돌아가시다
6. write   • 작성하다
7. reason   • 사유
8. family / home   • 집안
9. job/duty   • 직무
10. elder   • 어르신

Expression patterns

1. 보상 휴가를 신청해도 될까요?

2. 연장근무 확인서를 제출하세요.

3. 동생 결혼식이 있어서 휴가를 냈습니다.

4. 가족과 즐거운 추억을 만드세요.

5. 몸이 아파서 병가를 내기로 했습니다.

6. 검사 받으러 내일 병원에 갈 겁니다.

7. 휴가 사유를 작성하여 휴가신청서를 제출해주시기 바랍니다.

8. 부장님은 출장 중입니다.

9. 많이 피곤해 보입니다.

10. 이틀 동안 연장근무를 했습니다.

1. 피곤해 보입니다.

2. 병가를 내기로 했습니다.

3. 병원에서 진료를 받고 푹 쉬도록 하세요.

4. 예약이 가능한지 알아 보겠습니다.

저자
소개

곽부모 Kwak BuMo

현 페르가나한국국제대학 한국어학과 교수.
러시아, 슬로베니아, 체코 등에서 교수로 일했으며, 많은 제자들이 한국 기업에서 근무 중
이다. 이들 학생들에게 도움을 주고자 이 책을 집필하였다.
『한국어 말하기 평가』 외 다수의 공저와 한국어교육학, 언어학 관련 다수의 논문이 있다.
E-mail: bmkawk@kiuf.uz

비즈니스 한국어 문형
영어권 학습자를 위하여

초판 1쇄 인쇄   2021년 4월 1일
초판 1쇄 발행   2021년 4월 16일

지은이   곽부모
펴낸이   이대현
편 집   이태곤 문선희 권분옥 임애정 강윤경
디자인   안혜진 최선주 이경진
마케팅   박태훈 안현진

펴낸곳   도서출판 역락
출판등록   1999년 4월 19일 제303-2002-000014호
주소   서울시 서초구 동광로 46길 6-6 문창빌딩 2층 (우06589)
전화   02-3409-2060(편집), 2058(마케팅)
팩스   02-3409-2059
홈페이지   www.youkrackbooks.com
이메일   youkrack@hanmail.net

ISBN 979-11-6244-709-3   94700
ISBN 979-11-6244-707-9   94700(전2권)

*책값은 뒤표지에 있습니다.
*파본은 구입처에서 교환해 드립니다.